August Boltz

Vasantasena und die Hetären im indischen Drama

Das Vedavolk in seinen Gesamtverhältnissen

August Boltz

Vasantasena und die Hetären im indischen Drama
Das Vedavolk in seinen Gesamtverhältnissen

ISBN/EAN: 9783743341432

Hergestellt in Europa, USA, Kanada, Australien, Japan

Cover: Foto ©ninafisch / pixelio.de

Manufactured and distributed by brebook publishing software (www.brebook.com)

August Boltz

Vasantasena und die Hetären im indischen Drama

Herrn

Prof. Dr. Ernst Haeckel

in Jena

als Zeichen hoher Verehrung.

Vasantasena

und die Hetären im indischen Drama.

Vorgetragen im Akademischen Vereine, 1893.

Der geehrte Leser wird gewiss zum öfteren wahrgenommen haben, einen wie breiten Platz das Theater in unserem modernen Leben einnimmt. Alle grösseren Zeitungen und auch die kleineren (Tagblätter) gewähren den Theaterberichten einen Raum, der oft im Missverhältnis steht zu den Aufgaben, die ein Tagblatt eigentlich zu bewältigen hat, angesichts der vielen wichtigen Strömungen, die heutzutage ununterbrochen den Fluss des öffentlichen Lebens bilden, selbst wenn er in nicht allzu erregter Weise seine Bahn zurücklegt. Die Theaterkritik ist — abgesehen von den oft kindlich naiven Berichten, denen man hin und wieder in Blättern des x^{ten} Ranges begegnet — zu einer Aufgabe gediehen, die auf der vielseitigsten gründlichen Bildung in Wissenschaft und Kunst beruhen muss, wenn sie ihren Beruf erfüllen soll.

Nicht selten begegnen wir wahren Musterarbeiten auf diesem Gebiete, für die die Schwierigkeit der plötzlichen, unmittelbaren Ausgestaltung gar nicht zu bestehen scheint, da sie Stoff und Form gleichsam spielend beherrschen und wie aus augenblicklicher Eingebung hervorgegangen zu sein scheinen. Das Theater ist eben einer der wichtigsten Faktoren für die Beurteilung des Zeitgeschmackes, der Zeitrichtung und der Verirrungen derselben und bietet uns, in seiner Gesamtheit, Aufschlüsse zur Beurteilung einer Epoche, eines Volkes, oder einzelner Abschnitte und Gruppen derselben, wie selbst gründliche historische Berichte sie so zu liefern kaum im Stande sind. Bis jetzt wenigstens; oder — wer vermöchte wohl sich ein getreues Bild des Perikleischen Zeitalters zu gestalten, wenn ihm jegliche Kenntnis der zeitgenössischen Dramatiker abginge; wer könnte den Geist des *„Siècle de Louis XIV"* ganz verstehen, ohne die Hauptwerke eines *Pierre Corneille, Jean Racine, Jean Baptiste Molière* zu kennen; wer die Sitten und den Geschmack beurteilen, die in England herrschten zur Zeit der jungfräulichen

Königin Elisabeth, ohne eingehende Kenntnis der Werke des unsterblichen *Shakespeare*, oder — um uns selber näher zu treten: wer vermöchte die Tiefen und die Untiefen des deutschen Nationalcharakters zu durchschauen, ohne von den dramatischen Werken eines *Lessing*, *Goethe*, *Schiller*, *Grillparzer* und deren Nachfolgern etwas zu wissen?

So dürfte es sich also der Mühe verlohnen, einen Blick zu werfen auf das Theater der Hindu, von seiner ersten Entfaltung aus naiven, ureigensten, mythisch-religiösen Stoffen bis zu seiner späteren vollen Entwicklung durch die Aufnahme fremder Motive, d. i. für unsere Betrachtung die Einführung der griechischen „*Dames aux camélias*", der Hetären als Hauptfiguren der führenden Handlung.

Ich darf umsomehr annehmen, dass diese kurze Abendunterhaltung keine ganz verlorene für Sie sein wird, als unser vorzüglich geleitetes Hoftheater dem indischen Schauspiele bereits Einlass gewährt hat, indem es am 3. November 1892 die berühmte *Sakuntalâ von Kâlidâsa* in der freien Bearbeitung von Alfred Freiherr von Wolzogen mit ganz ungewöhnlicher Pracht der Scenerie und getreuester Nachbildung von Tracht und Führung zur Darstellung brachte. Dieser folgte dann am 7. November 1893 die Aufführung der „*Vasantasena*" vom indischen Könige *Sûdraka* (mit dem indischen Titel *Mrichhakatika*, „das thönerne Kinderwägelchen", Drama in 10 Akten, in sehr freier Bearbeitung von Emil Pohl, und zwar durch die Munificenz Sr. Königlichen Hoheit des Grossherzogs Ernst Ludwig in ganz besonderer, zum Teil aus Indien direkt bezogener Ausstattung, nachdem dies Schauspiel auch auf anderen deutschen Bühnen in vortrefflicher Weise gegeben worden war.

Mein Versuch, eine leichtgezeichnete Skizze vom indischen Theater überhaupt zu entwerfen, dürfte demgemäss geeignet sein, Ihr Interesse an diesen in Zeit und Raum so fern entlegenen Geisteserzeugnissen zu erregen oder zu erhöhen. Habe ich auch durch einige Kenntnis der indischen Sprache und Litteratur, sowie durch die Vorliebe für das Studium des Altertumes vom anthropologischen Standpunkte aus den Mut dazu in mir gefunden, so bitte ich Sie doch, diese Skizze nur als eine *opera di diletto*, ein Werk des Selbstgenusses, ansehen zu wollen, dessen einziges Verdienst darin besteht, die besten Quellen beraten und mit Treue benutzt zu haben, für die ältesten Zustände namentlich

Prof. Heinr. Zimmer's gediegenes Werk „Altindisches Leben", speziell „*Die Kultur der vedischen Arier*" nach den Saṁhita dargestellt; ferner für das eigentliche Thema das vortreffliche Werk des mir befreundeten

Prof. A. N. Kefallinós in Athen „Ἁι Ἑλληνίδες Ἑταῖραι ἐν τῷ Ἰνδικῷ δράματι" (die hellenischen Hetären im indischen Drama), sowie fürs Technische

Horace Wilson's bekanntes Werk „*The Hindu Theatre*", 3. Aufl. London, 1864—67, und für Einzelnes noch
Prof. S. Lefmann's „Geschichte des alten Indiens" Berlin 1890, das noch des Näheren berührt werden wird.

Alles Mangelhafte an diesem Vortrage fällt nur mir zu; alles Gute aber den eben erwähnten Musterwerken, die, jedes einzelne, der höchsten Anerkennung, ja Bewunderung wert sind.

Erst der allerneuesten Zeit ist es vorbehalten gewesen, über die Geschichte gewisser Reiche des hohen Altertumes zuverlässiges Licht zu erlangen und weiter zu verbreiten, da nur die neuen Reisemittel sowie die modernen Weltverhältnisse überhaupt die Möglichkeit gewährten, verfallene Wohnplätze der grauen Vorzeit aufzudecken und zu durchforschen und aus deren Trümmern die wundersamsten und wertvollsten Funde ans Licht zu bringen Und die Steine redeten ihre seltsamen, längst verklungenen Sprachen und gaben den emsigen Forschern Kunde von einstmals mächtigen Herrschern und deren Thaten oder Unthaten, von verschollenen Völkern und deren Leben, Lieben und Leiden; von ihren religiösen Anschauungen, ihren Zügen, ihren Kriegen und ihren Werken des Friedens.

Und was zuvor unzulänglich gewesen, jetzt ward's Ereignis. Hiess es z. B. früher, dass die Chinesen eine Geschichte überhaupt nicht hätten, und wusste weder Duncker in seiner sonst so vortrefflichen „Geschichte des Altertumes" über dies hochinteressante Volk etwas zu sagen, noch sah sich Oncken veranlasst, in seiner hochgeschätzten „Sammlung Allgemeiner Geschichten in Einzeldarstellungen" etwas darüber zu bringen — obwohl doch Klaproth schon in seinem „Verzeichnis von chinesischen und mandschuischen Büchern und Handschriften der Königl. Bibliothek zu Berlin" (er starb 1835 zu Paris) nicht weniger denn 22 chinesische Geschichtschreiber anführt, dabei bemerkend, „dass kein Volk der Erde einen ähnlichen Schatz historischer Hülfsmittel aufzuweisen habe" — heute liegt die hochbedeutsame Arbeit des Herrn Ferdinand Freiherrn von Richthofen vor: „Abriss der Geschichte Chinas", die mit kritischem Fleisse aus den scharf gesichteten chinesischen Originalen alles zusammengetragen enthält, was uns ein richtiges Bild von diesem ältesten historischen Volke der Erde geben kann. (Weitere Werke zur Geschichte China's verzeichnet in Meyer, Conv.-Lex. V. Aufl., Bd. IV, 64).

Würdig zur Seite stehen dieser Leistung die von Prof. Oncken herausgegebenen Geschichtswerke mit Karten und Illustrationen, über

Aegypten, Bd. I von *Joh. Dümichen,* Strassburg, Bd. II von *Ed. Meyer,* Breslau, die die Forschungen der berühmten Aegyptologen Lepsius, Brugsch, Georg Ebers, Lauth u. a. glücklich zu verwerten verstanden; über

Babylon und Assyrien von *Fritz Hommel*, München, mit all den Aufschlüssen, welche die neuesten Ausgrabungen und Entzifferungen über das hochinteressante vorsemitische Volk der Sumerier oder Akkader, der frühesten historischen Bewohner der mesopotamischen Ebenen und über deren Sprache gewähren; über die Phönizier von *Rich. Pietschmann* und über das Volk Israel von Prof. *Bernh. Stade*, Giessen, ein Werk, das man nur mit höchster Bewunderung der grossen Gelehrsamkeit, des offenen Freimutes und der Klarheit und Schönheit der Darstellung lesen kann, u. a. m.

Eine „Geschichte des alten Indiens", die zu schreiben bisher nahezu für eine Unmöglichkeit gegolten, lieferte zu dieser Sammlung Herr Prof. *S. Lefmann*, Heidelberg, ein Riesenwerk deutschen Fleisses und deutscher Gelehrsamkeit, dessen Drucklegung allein elf Jahre in Anspruch genommen hat, und zwar vom 1. Dezember 1878 bis zum 22. Dezember 1889.

Der Herr Verfasser hat es sich jedoch versagt, auf das indische Drama näher einzugehen und sich damit begnügt, auf dem letzten Blatte des wuchtigen Bandes Seite 838—39 mitzuteilen, auf welche Weise der englische Oberrichter von Bengalen, *Sir Wm. Jones*, im Jahre 1783 die erste Kunde erhielt von der Existenz geschriebener Dramen, *nâtaka* genannt, und wie derselbe das Glück gehabt, eine Abschrift gerade der *Sakuntalâ* zu erwerben und sie dann mit Hülfe seines Hausgelehrten *Râmalokan* aus dem Sanskrit und dem Prâkrit zunächst ins Persische zu übertragen; aus diesem dann ins Lateinische und demnächst, er selber, ins Englische, und schon im Jahre 1789 sie dem staunenden Abendlande bekannt zu geben. Der Verfasser hätte wenigstens noch hinzufügen können, dass Sakuntalâ keinesweges das einzige dramatische Werk *Kâlidâsa's*, dass vielmehr die mehrfach übersetzte *Urvasî* ihr mindestens gleichwertig ist und noch *Malavika* und *Agnimitra* von ihm existiren, sowie dass von *Bhavabhûti, Kshemiśvara* und *Visakshadatta* und anderen, weitere Stücke auch in deutscher Uebersetzung vorliegen, deren Wertschätzung uns vermittelt ist durch die bedeutenden Werke über indische Litteratur von *Max Müller, history of ancient Sanscrit Litterature; Albrecht Weber, history of Indian Litterature; De Gubernati, letture di Archeologia Indiana* und *Letteratura Indiana*, u. andere.

Eine Geschichte des alten Indiens zu schreiben, war bisher ein äusserst mühevolles Unternehmen, denn indische Geschichtswerke älterer Zeit sind nicht vorhanden. Es musste also alles Material aus den Schriftwerken, wie spätere Zeiten sie über die vorangegangenen Epochen allmählich lieferten, sowie über diese selber, sorgsam ausgezogen und zusammengetragen werden, um eine zutreffende Anschauung über alle Lebensvorgänge zu gewinnen.

Solche Versuche sind wiederholentlich gemacht worden und zwar mit voller Hingabe und mit ausserordentlichem Geschicke.

War in ältester Zeit Geschichte nicht vorhanden, so später ebensowenig, da die Brahmanen kein Interesse daran hatten, die Mit- und Nachwelt über die staatlichen und bürgerlichen Vorgänge aufzuklären. Sie allein aber hätten es vermocht, da sie im Besitze aller verbürgten Tradition standen. So blieb alle Geschichte ungeschrieben, mit Ausnahme etwa einiger Familienchroniken einzelner Fürstengeschlechter, wie der *Râja Tarangini*, Fürsten von *Kaśmîra*; auch von Geographie ist nur weniges bekannt und fast nur Namen.

Es ist nun heut meine Aufgabe nicht, in eine Schilderung der ältesten Zustände des Vedavolkes einzutreten, um schon hier dem möglichen Ursprunge des Dramas (Theaters) nachzuspüren. Eine solche habe ich versucht in meiner Abhandlung „Das Vedavolk in seinen Gesamtverhältnissen". Prof. Zimmer hat, auf Grund der Vedatexte selber, ein so umfassendes Bild vom Leben der ältesten Arier (etwa 1500—1200 v. Chr.) gegeben, dass auch für höhere Zwecke auf diese Musterarbeit hingewiesen werden mag. Nur so viel sei vorab erwähnt, dass die vedischen Arier die Schrift noch nicht kannten (s. Lefmann S. 778), dass daher die zahlreichen Opferlieder, die allmählich entstanden, und denen wir alle zuverlässige Kunde vom altindischen Leben verdanken, immer von neuem gelernt werden mussten, was zu thun ein reich bezahltes Vorrecht der Priester war und blieb — es handelte sich dabei um die Kleinigkeit von 1028 Hymnen mit 21 024 Versen oder 153 826 Wörtern und 432 000 Silben, die schon 600 v. Chr. gezählt waren — dass ferner Tanz und Musik neben dem Würfelspiele die Hauptvergnügungen des Volkes, vornehmlich bei den grossen Opferfestlichkeiten, waren und dass wohlbestallte Händeklatscher, Muschelbläser, Bambusflötenspieler und Rohrpfeifer, Lauten- und Trommelschläger, Pauker, Klapperer und Dudelsackpfeifer die Kapelle auch des reichsten Königes bildeten. Bambusstabtänzer und Gaukler schlossen den Reigen nach jeglichem Festmahle. Der mimische Tänzer aber, der *Nata* (= Schauspieler) und die spätere *Devadâsi*, die Hierodule, waren noch unbekannte Dinge, der profane Sänger eine lächerliche Person.

---

[1] Die bekanntesten Instrumente waren: die Muschel *kambu*, die Kriegsmuschel *sankhâ*, die Flöte *tûnava*, Fl. mit sieben Löchern *vâna*; die Pfeife *vaṁsu*, die Cymbel *tâla*, eine Art Harfe *gargara* und das vornehmste aller die Laute *vînâ* mit sieben Saiten; daneben die Trommel *mṛdañga*, die Pauke *dundubhi*, die Klapper *tûrya* und der Dudelsack *bâkura*.

[2] Der *devadâsa* war „ein Diener des Gottes" (= Tempelsklave) die *devadâsî*, die bei einem Tempel angestellte (gewöhnlich freie) Tänzerin; später ein Freudenmädchen (nach dem späteren Wörterbuche des *Śabdakalpadruma*). Zu Ἱερόδουλοι vergl. Herodot, Aug. v. Baehr, Leipz. 1856, Nota zu I. 182. Seite 363.

Die gesellschaftliche Stellung der in Indien Ureingeborenen zu den vom Norden eingewanderten arischen Eroberern und aller untereinander entfaltete sich naturgemäss zu vier grossen Standesgruppen, indisch *varna* (die Farbe) genannt, uns bekannter unter der portugiesischen Benennung casta, einer Uebersetzung des indischen Wortes *dshâti*, Stand: Priester, Kriegeradel, *Vaiśya* (Ackerbau und Viehzucht treibende, also Agrarier) und *Śudra* etwa = Metöken. Zur Kaste der *Vaiśya* wurden noch gezählt die Goldarbeiter, Juweliere, Kaufleute, also der Mittelstand und in untergeordneter Stellung: Fischer, Wagner, Töpfer, Seiler, Gerber, Schmiede und Zimmerer, sowie die auch als Opfermenschen (der Mensch neben Ross, Rind, Schaf, Ziege galt als Opfertier) angeführten Wäscherinnen, Putz- und Kleidermacherinnen und Färberinnen. Die letzteren drei pflegten Weiberfreunden ohne Frauen ihr Hausrecht leicht zu gewähren; auch herumschweifende Liebesgefährtinnen gab es in Hülle und Fülle, daher der *kumârîputra*, der Jungfernsohn, der παρθενίας der Griechen, keine Seltenheit war was bei der mässig bestehenden Polygamie nichts Anstössiges hatte.

Das ging an den Ursitzen am oberen Indus lange Jahrhunderte so dahin. Inzwischen aber wuchs die Volksmenge mit asiatischer Keimkraft riesig an und drängte ostwärts nach immer neuen Sitzen: die Wanderung begann, fort' und fort am Himâlaya entlang und an den Geländen des Ganges, die im langsamen Fluss der Zeit bis zum Golf von Bengalen in den Besitz der Arier gelangten, freilich unter nimmer rastenden, im Ganzen siegreichen Kämpfen gegen die halbschwarzen, am ganzen Körper dichtbehaarten dravidischen Autochthonen, die Dasyu, deren Reste noch heut, vielfach zerstreut, grosse unwirtsame Strecken inne haben. Erst nun, etwa um 1500—1200 v. Chr. gestaltete sich das Leben der Arier nach vielen Richtungen hin in völlig neuer und fester Weise aus.

Das alte Veda-Sanskrit war inzwischen, mannigfach verändert, zum eigentlichen (jüngeren) Sanskrit, d. i. der gelehrten Sprache der Brahmanen, geworden; denn das Volk hatte auf den langen Wanderungen schon die alte Sprachweise den sich aufdrängenden neuen Bedürfnissen angepasst; auch lautlich, durch Bequemmachung (Analyse streng synthetischer Formen, Zusammenziehungen und Kürzungen aller Art u. a.), sowie durch Aufnahme zahlreicher neuer Ausdrücke in die verschiedenen Stammdialekte, und dadurch sich gegen einander vielfach entfremdet trotz der fast unveränderten Einheit des Grundmateriales, wie das übrigens bei der Bildung der Volksmundarten aller Völker mit Notwendigkeit der Fall ist.

Zahlreiche Könige und Fürsten herschten an den neu erworbenen Stammsitzen des *Madhyadeśa* (des Mittellandes = Reich der Mitte der Chinesen) und förderten nunmehr durch Beschäftigung der Volksmassen jene Riesenbauten und Prachttempel, deren Reste noch heute staunende Bewunderung hervorrufen, und dadurch zugleich die Entwicklung der dazu erforderlichen Künste und Wissenschaften.

Die grossen Epen *Mahâbhârata* und *Râmâyana* wurden gedichtet (etwa um 1000, also Salomo's Zeit), die grössten der Welt, und erhielten der Nachwelt die Kunde über alte Vorgänge mythischer oder pragmatischer Natur. Nur die Jesuiten des indischen Altertumes, die Brahmanen, schienen in voller Stabilität zu verharren. Schienen — — in Wahrheit aber spannten sie ihr Machtnetz mit subtil berechnender Kunst und unentwegter Beharrlichkeit über das ganze weltgrosse indische Land, bis in die geringfügigsten und privatesten Lebensverhältnisse jedes Individuums so hinein, dass zuletzt kein Einzelner in keinem Augenblicke seines Daseins des Lebens noch froh werden konnte, weil in jeder seiner Handlungen eine Sünde enthalten sein konnte, die ihn der zeitlichen und der ewigen Verdammnis schuldig machte.

Alles Irdische war wie mit einem Fluche belegt, die Erde ein Jammerthal — das Jenseits allein konnte Seligkeit gewähren und zwar nur durch die Vermittelung der die Opferspenden entgegennehmenden Priester! Die Zahl der Kasten wurde vermehrt, was bei ihrer schroffen Abgränzung sehr bald zu einer feindlichen Stellung der Stämme selber gegen einander führte, in der sie bis heute verharren. Dieser Umstand, sowie das sich bildende Sektenwesen und der machtvoll aufblühende Buddhaismus, führten — er umfasst heute 31% aller Menschen — zu einer so vollständigen Zersplitterung des ganzen grossen Volkes in religiöser sowohl wie in socialpolitischer Beziehung, dass — trotz der Einheit seines Ursprunges und seiner Sprache, wonach es sich als den wohlredenden *ârya* dem fremdsprachigen Stotterer *(mlecha)* gegenüber benannt hatte — die Trennung eine so totale geworden war, dass Keiner mehr das Gefühl hatte, einem grossen Reiche und gemeinsamen Vaterlande anzugehören, da seine Kaste ihm für ewige Zeit die engsten, undurchbrechbaren Schranken anwies, — — und das hatten die Brahmanen gewollt.

Dass solche Zustände für Bestand und Entwicklung dramatischer Kunst nicht förderlich sein konnten, ja dass sie vielmehr zu völliger Stagnation und zu politischer Ohnmacht führen mussten, die das weite, reiche Land ausländischen Eroberern leicht zugänglich machte, liegt auf der Hand: jeder frisch unter fremde Herrschaft geratene Landstrich trug das neue Joch willig, schon weil die tötlich gehassten Nachbarn es auch tragen mussten. Das erklärt die mehrmalige Eroberung Indiens seitens fremder Völker, zuletzt besonders seitens der Söldner der englischen Handelsgesellschaft anfangs des XVII. Jahrhunderts.

Ohne dieses Ereignis jedoch wäre Indien mit seinen Sprachschätzen uns freilich wohl noch immer verschlossen geblieben und ohne diese Sprachschätze wüssten wir so gut wie nichts über den Ursprung und die Entwicklung unserer eigenen Sprache, wie über den Zusammenhang aller arischen Sprachen und Völker überhaupt.

Was seitdem in dieser Beziehung gesucht, gefunden und durchforscht worden ist, gränzt ans Wunderbare. Dass inbezug aufs indische Drama Sir *Wm. Jones* der erste gewesen, der es aufgespürt und dabei das Glück gehabt hatte, ein so wunderherrliches Kunstgebilde zu entdecken wie die Sakuntalā, ist angedeutet worden. Seitdem ist Unendliches geleistet worden auf dem Gebiete der Sanskritologie und der Sprachvergleichung, die beide zu einer ungeahnten Entwicklung gediehen durch die Leistungen hervorragender Gelehrten aller Länder, deren Namen es wohl verdienten, statt der oft bizarren Benennungen, den neu entdeckten Kometen beigelegt zu werden.

Diese eingehenden Forschungen aber sind es nun, welche uns auch über Kālidāsa und dessen Schöpfungen, sowie über das Theater der Hindu überhaupt, zum Teil sehr ausgiebige und zuverlässige Auskunft verschafft und den Nachweis geliefert haben, dass die Anregungen dazu von den Griechen ausgegangen sind. Hierzu in höchster Kürze folgendes:

Hellenische Einwirkungen auf das indische Geistesleben sind mehrfach nachgewiesen worden, besonders inbezug auf Astronomie und deren Hülfswissenschaften, die zwar schon in vedischer Zeit gepflegt wurde, aber erst unter griechischem Einflusse zu ihrer späteren Höhe gelangte, was übrigens von den indischen Astronomen selber willig eingeräumt wird.

Das Drama aber erscheint erst lange nach Christi Geburt. Das älteste bekannte *Mrichhakati* (das thönere Kinderwägelchen) vom Könige *Śūdraka* von *Ujjāyini* verfasst, fällt in das II.—III. Jahrhundert nach Chr. G.; die Anfänge des Drama's deuten zurück auf die Züge Alexanders d. Gr., kraft deren mit den makedonischen Waffen auch der Hellenismus in Indien eindrang und die erste, den Indern freilich höchst unliebsame Berührung Griechenlands (und Europa's) mit Indien stattfand, da weder Cyrus noch Darius den Indus überschritten hätten und somit das Fünfstromland, die *Panchanada* (τὴν Πεντεποταμίαν) nicht kennen gelernt hatten.

Erinnern wir uns, dass im Jahre 326 vor Chr. nicht bloss die siegreiche Armee Alexanders den Indus überschritt, sondern mit ihr zugleich ein Heer von 2—3000 Kriegsbummlern und Handelsleuten aller Art, schon um den Ankauf von Sklaven und Kriegsbeute zu besorgen; ferner von Aerzten, Naturforschern, Geometern, Baumeistern, von Historikern, Philosophen, Gelehrten und Künstlern jeglicher Gattung und Nationalität, darunter auch Musiker, Tänzer und Tänzerinnen, Gaukler, Mimen und Histrionen jeder Güte.

Es ist selbstverständlich, dass von den Griechen nach jedem Siege nicht nur, sondern auch sonst unzählige Feste gefeiert wurden, denn Alexander war genusssüchtig und prachtliebend zugleich, und es lag ihm daran, seine Truppen wohl zu unterhalten. Nun ist bekannt, dass bald nach seinem Kriege gegen den mächtigen König Poros — von den Griechen so benannt nach dem Namen seines Volkes, den Pauravas (wie Taxila nach den Takschaśilâ), — der gegen 300 Städte beherrschte, gerade als Alexander sich anschickte, nach dem Ganges aufzubrechen, seine wettermürbe, kriegssatte Armee sich weigerte, weiter zu folgen, so dass er den Rückzug antreten musste, wobei er noch alle berührten Landstriche sich unterwarf und dann in Babylon eines jähen Todes starb, nachdem er zahlreiche Städte zu erbauen in Angriff genommen hatte.

Nach seinem Tode strebten die Inder mit aller Gewalt danach, die fremde Herrschaft wieder abzuschütteln. Dies gelingt vollständig im Jahre 317 v. Chr. unter dem mächtigen Könige *Chandragupta,* der zum erstenmale ganz Indien unter eine Regierung bringt. Der Diadoche Séleukos ὁ Νικάτωρ, der am Euphrat, in Persien und Medien herrschte, bekriegt ihn — vergebens. Im Jahre 305 überschreitet er den Indus, wie 20 Jahre früher mit Alexander. Er wird besiegt, muss vier Satrapien im Stiche lassen und umkehren. Dagegen erhält er beim Friedensschlusse 500 Elefanten vom grossmütigen Könige, dem er aber seine schöne Tochter zum Weibe geben muss, (nach Kefallinós, 8—14).

Mit der Tochter kommen auch ihre Jungfrauen an den Hof von Pâtaliputra (d. Παλίβοθρα der Griechen), am Ganges.

Sie gefallen alle ganz ausnehmend und sind die Veranlassung des Kaufes vieler Yavana-[1] (ionischer) Mädchen für den Hof und den König, der bekanntlich nur von Frauenhänden bedient werden durfte. So dauern zwischen beiden Höfen die durch den griechischen Gesandten Megasthenes wohl unterhaltenen guten Beziehungen unausgesetzt fort.

Im Jahre 291 stirbt Chandragupta. Sein Sohn Vindusāra Amitraghāta (ὁ ἐχθροκτόνος) unterhält dieselben mit den Nachfolgern des Seleukos. Die hellenischen Einflüsse, von den Gesandten wohl gepflegt, dauern fort und zwar auch von Seiten der makedonisch-griechischen Könige von Aegypten, die Interesse daran hatten, die gewinnreichen Handelsbeziehungen zu Indien aufrecht zu erhalten und zu erweitern.

Diese ägyptischen Könige waren die Ptolemäer: Ptolemäos ὁ Λάγου (305—285); der bereits den Durchstich von Suez durchdenkt; Ptolemäos II., ὁ Φιλάδελφος (285—247), so benannt, weil er seine Schwester Arsinoë (die Hochgemute) geheiratet hatte, beginnt ihn und erbaut zugleich am arabischen Meerbusen die Hafenstadt Berenike (Βερενίκη, makedonische Aussprache von Φερενίκη, Siegbringerin), von wo die Waaren mittels Karawanen nach Koptos, 26 NBr., über Barād zum Nil und von hier zu Schiff

---

[1] *Yavana* bezeichnet im plur. die Griechen, die Ἴαονες = Ἴωνες, Jonier, heute noch türkisch *Yunani*.

nach Alexandria verladen wurden und umgekehrt. — Der Hellenismus dringt also auch von Aegypten her nach Indien vor.

Die nachfolgenden Ptolemäer[1]) unterhalten die guten Beziehungen und fördern die weitere Verbreitung der Kenntnis hellenischen Wesens aufs erfolgreichste. Durch den neuen Seeweg, den denkbar nächsten nach Indien, gelangte die oberhalb des indischen Landungsplatzes *Varygaza* (Βαρυγάζα) an den Veniufern gelegene herrliche Hauptstadt des Mālava-Reiches *Ujjáyini* (gr. Ὀζήνη)[2]) zu solcher Wichtigkeit, dass der König Vindusāra seinen Sohn *Aśoka* als Vicekönig dorthin schickt. Nach dem Tode seines Vaters wird *Aśoka* (beiläufig der erste königliche Beschützer der Buddhisten) Mahārāja (Grosskönig) und entsendet zu Gunsten der Buddhisten Gesandtschaften nach Aegypten und auch nach Hellas zu den Königen *Antiyoka* (Ἀντίοχος) König der Yavana (Jonier), Tulamāya, dem zweiten Ptolemäer, Antikona (Ἀντίγονα) von Makedonien, Magas (Μάγας) von Kyrene u. a., eine historische Thatsache, die durch eine im Jahre 1835 entzifferte Felseninschrift in späterem Sanskrit bezeugt ist und die den ersten unmittelbaren Verkehr zwischen Indien und Hellas beweist.[3])

Erwägen wir nun, dass das älteste bekannte Drama, das mehrfach erwähnte *Mṛichhakati*, das in der Uebertragung nach der darin fungirenden Hauptperson, der vornehmen, reichen und edlen Hetäre „*Vasantasena*" benannt ist, von dem kunstliebenden Könige *Śûdraka* von *Ujjáyini* (III. Jahrh. nach Chr.) selber herrührt, und dass in seiner Residenz, als dem Centralpunkte des auswärtigen Handels, der Hellenismus seit **dreihundert Jahren** stark vertreten gewesen, wobei die ununterbrochen einlaufenden Unternehmungszüge griechischer Kaufleute es an Mitführung des lukrativen theatralischen Apparates wahrlich nicht werden haben fehlen lassen, dass ferner

> die Könige von *Ujjáyini* in steter freundlicher Beziehung zu Griechenland geblieben waren, und dass um diese Zeit
>
> Dramatische Vorstellungen überhaupt nur im Westen von Indien stattgefunden haben, wo der Hellenismus eben am stärksten war; dass ferner

---

[1]) Εὐεργέτης der Wohlthäter; Τρύφων der Schwelger; Ἐπιφανής der Erlauchte; Φιλομήτωρ der Mutterliebende; Φύσκων der Dicke; Αὐλήτης der Flötenbläser.

[2]) 76 OL. von Greenwich, 23½ NBr. im Wendekreise des Krebses.

[3]) Abbildung der Felseninschrift von *Girnâr (Guzerât)* und Besprechung bei *Lefmann*, 765. 768. 778 *Girnâr* aus *Girinagara*: geheiligte Felsenstätten. *James Tod* fand dies älteste Schriftwerk im J. 1822; der geniale *Prinsep* entzifferte den Inhalt in den 30er Jahren. Der Fels *Citraśilâ* mit Inschrift wurde erst 1860 entdeckt.

bis zur Zeit des berühmten Grammatikers Pâṇini (IV. Jahrh. vor Chr.) von Dramen absolut nichts bekannt war, während um diese Zeit in Hellas die neue Komödie in voller Blüte stand, und auch dass die in früherer Zeit von Indien nach Java ausgewanderten Inder keine Spur eines Dramas kannten,

so ist der Schluss gewiss kein gewagter und unbegründeter, dass die Wiege des indischen Drama's die Königsstadt Ujjáyinî ist, und dass es hier durch die königliche Pflege und Freigebigkeit, in Nachahmung der griechischen Komödie, die Formen erhielt, die sich alsbald zu so hoher Vollkommenheit selbständig entfalteten.

Die gelehrten Inder verneinen das zwar und mit ihnen so mancher Indianist des Abendlandes, in gewohnter Ueberschätzung des Alters aller indischen Dinge. Sie stützen sich dabei auf die Aufführungen, deren Stoffe — nach Art der Mysterien des Mittelalters — den religiösen Traditionen entlehnt waren, wie z. B. die Hochzeit des Vishnu mit der Schönheits- und Liebesgöttin Lakschmî, die — gleich ähnlichen mythischen Vorgängen auf dem Olymp (des Kadmos Hochzeit mit der Harmonía), vor den Göttern im Paradiese von den Himmelssängern, den Gandharven, und den Himmelstänzerinnen, den liebreizenden Apsarâs, unter Leitung des himmlischen Schauspieldirektors Bhârata aufgeführt wurden, — oder auf das dramatisch sein sollende Idyllion Gita Govinda, das nach Theokrit's Weise die Liebe Krishna's zu den Schäferinnen zum Vorwurf hat und gerade so dramatisch ist, wie das $Ἆισμα\ Ἀισμάτων$, das „Hohelied" der Bibel, nämlich gar nicht, und nur durch die begleitenden Tanz-Aufführungen Leben erhielten, die ihrerseits unserem Ballet nicht unähnlich gewesen sein mögen.

Wäre das aber der Fall gewesen, dann hätte das indische Drama auch aus indischen liturgischen Motiven sich weiter entwickeln müssen, was durchaus nicht der Fall ist, da keines der ältesten Dramen solche Motive aufweist. Diese ältesten aber sind jung, weil erst nach der Berührung mit der hellenischen Welt entstanden, wie die Dramen des nächsten grossen Dichters, Kâlidâsa, beweisen, über dessen Lebzeit man nur weiss, dass sie in das zweite oder dritte Jahrhundert nach Christus fällt. Der Dichter Bhavabhûti gehört bereits ins achte Jahrh. n. Chr.

Damit soll nun wiederum nicht gesagt sein, dass das indische Drama nur auf hellenische Elemente gegründet sein müsse. Das braucht's nicht und thut es auch nicht; vielmehr ist alles echt indisch an ihm, bis auf ein Motiv, das im indischen Leben bisher unbekannt gewesen: das der Vesyà, der Hetäre, als Hauptperson des ganzen Stückes.

Ein kurzer Blick auf das hellenische Theater der Diadochenzeit wird genügen, alles bisher Gesagte sofort in das rechte Licht zu stellen.

Nach der Schlacht bei Chäroneia (338 v. Chr.), in welcher König Philipp Griechenland niedergeworfen hatte, trat ein grosser Verfall des öffentlichen Lebens daselbst ein, der besonders in Athen starken Ausdruck fand. Die grossen Tragödien von Aeschylos und Sophokles wurden gar nicht mehr gegeben. Die Mittel fehlten, da die früher reichen Bürger die Kosten des Chores nicht mehr bestreiten konnten. Nur von **Euripides** wurde manches aufgeführt, aber sparsamer als bisher.

Nach ihm, der in der *Alkestis* die aufopfernde Liebe der Frau zu glänzender Darstellung gebracht (sie weihet sich selber dem Tode, um ihren geliebten Gatten Admetos am Leben zu erhalten); in *Hippolitos* die ungestüme Liebesglut der Phädra und in der *Medeia* die schwer verletzte, eifersüchtige, zornentbrannte Liebesleidenschaft; der den Prolog — in Alkestis durch Apollon, in Hippolitos durch Afrodite, in der Medeia durch die Amme — und die Intrige (verwickelte Handlung) eingeführt und hierdurch dem bürgerlichen Schaustücke und dem Lustspiele vorgearbeitet hatte, trat die

älteste attische Komödie (Aristophanes) mit ihren mehr politischen Motiven, mit Klient und Parasit bei den etwaigen Aufführungen bereits in den Vordergrund (Acharner, Vögel, Pluto). Ihr folgte

die **mittlere** (Antiphanes, 407—333, Alexis, 384—218 der 106 Jahre alt geworden), die also bis zu Alexanders Zeit hinabreichte, mit ihren Familienscenen und volkstümlichen Strassengestalten, darunter auch die **Hetäre**.

Die **neuere**, die hier hauptsächlich in Betracht kommt (von Alexander bis etwa 250 v. Chr.), brachte dann das Familienlustspiel zu seiner vollen Entfaltung. Die Liebe, mit allen ihren Verwicklungen, wurde nunmehr das Hauptmotiv, die Hetäre die Hauptperson; Menandros von Athen (342—290 v. Chr.), ein Freund des Königs Ptolemäos von Aegypten, der Hauptdichter, der von Plautus und Terenz vielfach benutzt wurde. Leider gingen seine Werke verloren, da byzantinische Mönche sie verbrannten.

Diese, auf des Euripides Technik aufgebaute Komödie blühete gerade um die Todeszeit Alexanders.

Sie beherrschte den ganzen Hellenismus zur Zeit der Diadochen.

Sie hatte nicht die politischen Motive der ältesten Komödie, noch die typischen Strassenfiguren der mittleren.

Die Intrige und die Liebe waren die Hauptmotive, nicht jedoch die hehre Liebe wie bei Euripides u. a., sondern die Liebe der Geliebten (der Courtisane, Hetäre), die meist als schön, reich und gebildet dargestellt wurde, (Ulk Nr. 39, 1894 nennt sie daher „Freuden-Aristokratin") — und die dem Zeitgeschmacke wohl stark entsprochen haben mag.

Diese Art Drama allein konnte unter den gegebenen Verhältnissen den Asiaten zunächst bekannt geworden sein, infolge der vielen grossen Festlichkeiten und Darstellungen, welche von den von Alexander mitgeführten Künstlern aufgeführt wurden.

So gelangten sie auch an die Höfe der Mahārājas, wo sie mit königlicher Pracht zur Aufführung kamen, unter Anpassung jedoch an indische Sitte und Lebensverhältnisse, und zwar sind sie — nachweislich — später von Ujjáyinî nach der Königsstadt Pātaliputra am Ganges gekommen, da der König Vindusāra, Chandragupta's Sohn, Gefallen daran fand und sich von Antiochos nicht bloss

οἶνον γλυκὴν καὶ ἰσχάδας, ἀλλὰ καὶ σοφιστήν

süssen-Wein und getrocknete-Feigen, sondern auch einen dramatischen Sänger

erbat. Σοφιστής aber bezeichnete — nach Hesychius — damals vorzugsweise τοὺς περὶ μουσικὴν διατρίβοντας, καὶ τοὺς μετὰ κιθάρας ᾄδοντας, also einen der Musik und des Gesanges Kundigen. So ist bei Euripides der Orpheus ein σ. θρῄξ.

Andere Städte werden das nachgeahmt haben. Da aber die Inder — wie wir alsbald sehen werden — von Tragödie keine Spur hinterlassen haben und sie auch bis heute nicht besitzen, so konnten sie auch nur die Komödie samt der Hetäre *(vesyà)* aufnehmen; denn Hetären hatten sie, dem Wesen nach, ja genug; nur dass diese in allen Stücken grundverschieden waren von den griechischen, und noch niemals auf der Bühne, und noch dazu als Hauptperson, Verwendung gefunden hatten.

Die Hetären sind nicht zu verwechseln mit den Hierodulen (ἱερόδουλοι), den sogenannten Tempeldienerinnen, indisch *devadâsîs*, Bajaderen (B. verderbt aus *balhadera*, wie die Portugiesen diese Tänzerinnen nannten).

Dies Institut ist für Europa nachweislich semitischen Ursprunges und jedenfalls durch Semiten (Phönizier u. a.) nach Griechenland gebracht worden, wo es in Korinth, der reichen Handelstadt, wohl infolge der zahlreichen Feste, an denen ungeheuere Volksmassen teilnahmen, sich in ungewöhnlicher Weise entwickelte und vielleicht zur Notwendigkeit geworden war (über 1000 Hetären waren zeitweis daselbst in Thätigkeit).

In Babylon war es — nach Herodots eingehendem Berichte — eine priesterliche Einrichtung, die den Tempeln grosse Bezüge eintrug, und daher so weit ausgedehnt wurde, dass jedes Frauenzimmer mindestens einmal in ihrem Leben einem Fremden das heiligste Hausrecht preisgeben musste, unter Darbringung an den Tempel des dafür festgesetzten Obolus. Reiche Damen und keusche wussten das zu umgehen durch Privatabkommen mit den Priestern; auch schöne konnten den Bann „im Tempelgarten kauernd auf den Retter in der Not zu harren", leicht genug lösen, — aber die Hässlichen und die armen mussten oft lange Jahre auf den sie erlösenden Freier warten (Herodot I. 199).

In alter hebräischer Zeit sehen wir so die Tamar, als Kedesche verkleidet, auf Juda warten, dem sie dann die Zwillinge Peres und Serach schenkt. Die *Kedeschen, Devadâsis*, Ἱερόδουλοι dienten somit, ohne selber Priesterinnen zu sein, dem Heiligtume durch Preisgebung ihrer Keuschheit im Dienste der Gottheit, oft aus Frömmigkeitsmotiven freiwillig, bis in Juda König *Josia* (640—608) dem Unwesen ein Ende machte.

Das Institut der Hierodulie mochte entstanden sein auf Grund der barbarischen Sitte der alten Zeiten, nach welcher nach jedem Siege die Mehrzahl der Männer niedergemacht, Frauen und Kinder aber in Gefangenschaft genommen wurden, um jeglichen Sklavendienst zu verrichten, und somit auch diesen.

Die Hetären nun hatten zunächst das Vorbild dieser privilegirten und geweiheten Hierodulen, deren Hauptdienst angedeutet ist. In Indien aber bestand die Hauptbeschäftigung der Frauen, neben dem oft recht sauren Haushalte, im Rohr spalten und flechten, in weben, sticken, nähen und flicken; Aufgaben, die eben nichts Verlockendes an sich haben. Ging' in Griechenland die Hetäre noch wesentlich hervor aus der sehr bescheidenen Erziehung der Frauen, die auf den engsten häuslichen Kreis beschränkt waren und blieben, so war das in Indien doch wohl weniger massgebend, vielmehr mochte das Klima und das ungestüme Blut als Hauptfaktor gewirkt haben bei der Entstehung eines Standes, der wie die Vesyà (wir könnten sie getrost die *dames aux lotos* nennen), die volle Ungebundenheit des Lebens als erste Lebensbedingung ansahen.

Hetäre und Vesyà sind noch sonst verschieden von einander.

War die griechische Hetäre eine Dame, die zunächst durch feine Erziehung und höhere Ausbildung der mannigfachsten Talente, sowie durch vornehmes, meist wenig leidenschaftliches Wesen bevorzugten Männern die geistige Oede des Hauses vergessen machen sollte (Aspasia, Perikles) — so war die Vesyà, wie die Vasantasena im Mrichhakati, ein warmherziges teilnehmendes Wesen, das zwar auch dazu erzogen war, im Umgange mit Männern durch körperliche und geistige Vorzüge zu glänzen und die Zuneigung mehrerer zuzulassen, um für die Mutter und sich Reichtümer zu erwerben, das aber bei der bestehenden Polygamie keinen Abscheu einflösste, vielmehr durch seine Talente und seine seelischen Tugenden nicht selten hohe und wahre Verehrung genoss.

So zeigt Vasantasena sich als ein liebliches, zärtliches und bei ihrem Reichtume verschwenderisch edelmütiges Wesen, das zu lieben und später neben seiner vornehmen Gattin zu heiraten einem Brahmanen von hohem

Rufe keineswegs zur Unehre gereichte. Der Liebende war eben auch anders als in Griechenland.

Im Mrichhakati also, der ältesten indischen dramatischen Dichtung, ist die edle Hetäre Vasantasena als Hauptperson mit grosser Feinheit gezeichnet und ihre Liebe zu dem Brahmanen Charudatta bildet das Hauptthema, dem das übrige reiche Material völlig untergeordnet ist.

Bei dem späteren Dichter Kālidāsa findet in Sakuntalā und Urvasî die Hetäre sich nicht vor. Diese Stücke sind aber auch keine volkstümlichen Komödien, wie Vasantasena, sondern vielmehr spätere dramatisirte mythische Königssagen aus den grossen Epen, mit moderneren Motiven untermischt, wie sie — an dem Hofe des prachtliebenden Grosskönigs Vikramāditya (am Ganges) prunkvoll aufgeführt — dem Zwecke entsprachen „zur Verherrlichung der Könige beizutragen", und die insofern den russischen Zarenstücken („Das Leben für den Zaren" u. a.) nicht unähnlich sind, nur dass sie in allen Stücken gletscherhaft über diese borealen Machwerke hinausragen. Das mochte an jenem, vom Westen so weit entlegenen Fürstensitze dem Geschmacke und den äusseren Forderungen mehr entsprechen. Die Entfaltung schier unglaublichen Pompes war dabei stets die Hauptsache. Die Scenerie musste dabei das Meiste leisten.

„Indien ist ja das Wunderland der grossen Naturkontraste und Naturschauspiele, das Tropenland üppigster Vegetation, die in den strahlendsten Farben, den masslos kolossalsten Formen prangt".

„Die höchsten Berge, die riesigsten Bäume, die gewaltigsten Tiere, die wechselndste Fülle von Landschafts- und Lebensbildern finden sich hier, von den himmelanstrebenden Gletscherkuppen des Himālaya bis zu der im üppigsten Pflanzenwuchse strotzenden Gewürzinsel des Südens, Ceylon.[1] Majestätische, heilige Ströme wie die Gangā, die Jamunā, durchwogen die fruchtreichen Lande und fördern den reichen Pflanzenwuchs. Ueberall grossartigste Mannigfaltigkeit in der Entfaltung ursprünglichster Naturkraft."[2]

Die Eindrücke einer so gewaltigen Natur wirkten mächtig auch auf die Phantasie des Volkes, die schon früh in religiösen Ungeheuerlichkeiten wie in abnormsten Kunstgestaltungen zum Ausdruck kam und die über alles Maass dessen hinausging, was wir zahmen Kulturmenschen an Kunstconceptionen gewohnt sind, auch im Drama, dessen Zauber recht eigentlich auf der Pracht und der Fülle der naturgegebenen Scenerie beruht.

---

[1] Siehe die prachtvollen Schilderungen aus Ceylon von dem berühmten Naturforscher *Ernst Haeckel* in seinen „Indische Reisebriefe" u. a., Berlin 1889. Die tropische Flora auf Elefanta, S. 69—71; desgl. die Wald-Gärten 129; das wunderbar liebliche Paradenia, 137—138; besonders 143—149; die Pracht der Farren 151. 192; des Cocoswaldes 175; der Korallengärten 197 u. v. a. mehr.

[2] *R. v. Gottschall's* vortreffliche „Studien zur Charakteristik des indischen Dramas" in „Deutsches Museum" Nr. 43, 44 von 1865.

Dieser Phantasie, welcher der Glaube an jegliches Wunder bis an die Seelenwanderung eingeimpft war, erschien das Uebernatürlichste als völlig naturgemäss. Dem Dichter war daher zur Ausrichtung eines solchen „Sommernachtstraumes", wie man Urvasi und auch Sakuntalā mit Fug nennen könnte, jede nur erdenkbare Combination gestattet und er machte denn auch von dieser Freiheit den uneingeschränktesten Gebrauch: „Göttinnen machen sich sichtbar und wieder unsichtbar; sie verwandeln sich in Pflanzen und werden durch magische Steine wieder entzaubert. Der Fluch eines Brahmanen, der Durchbruch eines wütenden Elefanten trägt und löst oft die ganze Handlung." — „Luft- und Wolkenfahrten, wie in unseren Zauberpossen und romantischen Opern, von Göttern, Königen und Heiligen, vermitteln den Verkehr zwischen Himmel und Erde. Immer aber ist die Liebe *(śriṅgâra)* in allen Stufen ihrer Entwickelung, mit ihrem Suchen und Meiden, ihrem Kämpfen und Streben, mit dem Schmerze der Trennung und der Entsagung und den Entzückungen des endlichen Besitzes, die Seele der indischen Dramen und verleihet ihnen — bei der Feinheit und Zartheit der Gefühlsentwickelung einen nahezu unnennbaren Reiz."

Die jedesmal entfaltete Pracht aber war gross, denn die Aufführungen fanden nicht statt in den schönen Tempelhainen, allwo die Devadāsis die rituellen Tänze bei den Opferfesten ausführten, sondern sie wurden verlegt in die herrlichen Lustgärten (Paradiese) und in die Säle der königlichen Paläste, deren erhabene Schönheit von der Natur gegeben war. Die Kunst half nach. Da der König das oberste Opfer stets in Person darbrachte, so konnten und durften alle Aufführungen auch nur hier stattfinden, nicht **vor** dem Palaste des Kreon, wie in der griechischen Tragödie, sondern **im** Königshause selber in der dazu bestimmten Prachthalle, der *Saṅgîta Sala* (etwa Concertsaal, Tonhalle) mit ihrer **Bühne** *(raṅga)*, welche — nach aussen hin offen, die tropische Wundernatur der zauberischen Gangesgegend zum Hintergrunde hatte. Wars denn verwunderlich, wenn nun alle Vorstellungen darauf hinausliefen, dem mächtigen Herrn aller Güter Weihrauch zu streuen und ihm im Stück Gewalt beizulegen auch über Wolken, Luft und Winde, über Titanen, Riesen und Ueberwesen jeglicher Art?

Stehende Theater haben darum nie existirt. Gerät und Schmuckstücke mögen sich beschränkt haben auf Sitze, Ruhebetten, Lauben, Throne, Waffen, Luftwagen, Gespanne und Elefanten, die oft vorkommen. Die grösste Sorgfalt wurde auf das **Kostüm** verwendet, das den Charakteren aufs genaueste angemessen sein musste. **Frauenrollen** wurden von Frauen gegeben, doch durfte bei aller Mannigfaltigkeit der Charaktere, die nach Kasten genau definirt waren, und bei aller Freiheit der poetischen Gestaltung, die Frau eines andern **niemals** zum Gegenstande einer Darstellung gemacht werden. Verpönt war Tod und Blutvergiessen, desgleichen alles, was nicht strikt wohlanständig war, sowie jegliche lose Galanterie, selbst im Lustspiele.

Die Bühne, die in der Mitte bisweilen schräg geteilt war, sodass man auch die Abtretenden sehen konnte, durfte nie leer werden. Im alleräussersten Falle wurde der Scenenwechsel durch einen Herold erläutert.

Jedes Stück beginnt mit einem Vorspiele, an Stelle des Prologes, gleich dem im Goethe's Faust, das aber nicht für sich abgeschlossen ist, sondern, nach einem Segensspruche und einiger Nachricht über den Verfasser, in den Gang des Stückes selber dadurch eingreift, dass es an Ereignisse anknüpft, die vor dem Stücke stattfanden und so den Beginn desselben vermittelt, wie z. B. der

Segensspruch aus der Urvasī (nach Lobedanz):

Der ewig ist und bleibt, und dem wir nah'n
im Mannesdenken und im Kindesglauben,
der nach der Weisheit Buch der Welt-Erschaffer
und Welt-Erhalter ist, schütz' Euer Thun!
Ja Er, der Eine, Herr allein genannt,
dess unermesslich Haus der Weltbau ist,
das Geistes-All, in das zurückzufliessen
zu himmlischer Vereinigung, der Weise
entsagend übt der heil'gen Busse Dienst,
geb' segnend Gnade Euch und Seligkeit!

(Der Schauspieldirektor tritt auf und fordert die Schauspieler zum Spielen auf.)

oder

Die Gayatrī,

ein in dem alten Metrum abgefasster Anruf an Savitar, den Himmels- (oder Sonnen-)gott, welcher lautet:

Lasset uns — uns vertiefen in Gedanken über den anbetungswürdigen
Abglanz des Schöpfers, unseres Gottes:
Möge er unseren Geist erwecken!

seit 300 Jahren das tägliche Gebet aller Brahmanen und noch jeden Morgen von Millionen frommer Verehrer wiederholt.

Von einer Einheit des Ortes und der Zeit kann kaum die Rede sein. Die zur Entwicklung der Handlung erforderliche Zeit verfliesst unabänderlich zwischen den Akten. Kein Stück endet traurig, wenn auch die Rührung der Zuschauer oft in hohem Grade erweckt und die höchste Entfaltung der Leidenschaften vorgeführt wird.

Man darf also das indische Drama als hochromantisch bezeichnen, etwa nach Art der romantischen Zauberopern, -possen und -märchen: Undine, Loreley; Hans Heiling, Lumpazivagabundus, der Verschwender, die meisten R. Wagner'schen Opern u. a. — Nur stehen sie in der Ausstattung ungleich höher, da sie nicht unter dem Drucke des täglichen Broderwerbes, sondern unter dem Sonnenblicke königlicher Huld von den hervorragendsten, edelsten Dichtern geschaffen wurden, die zu den gebildetsten und Weisesten der Nation gehören mussten, schon weil sie eines beträchtlichen Wissens und eines geläuterten Kunstgeschmackes dazu bedurften. Denn, da nur der Held (König) und die Brahmanen die bereits heilige Sanskrita-Sprache reden durften — ein Umstand, der allein schon auf die späte Entstehung der Komödie hinweist — Frauen aber, wie hoch gestellt so immer, das nächstvollendete Volksidiom Prākrit, Begleiter königlicher Personen Magadha, Diener und Kaufleute Arddha, der Hanswurst Pratschi, Schelme Avantika, Intriganten Dekhin u. s. w. u. s. w.[1], lauter Dialekte, die wie hochdeutsch, österreichisch, bayrisch, schwäbisch, hessisch u. s. w. den Zuschauern mehr oder weniger geläufig sein mochten, die aber alle korrekt zu schreiben wahrlich keine Kleinigkeit war, so gehörte zu einem dramatischen Dichter immer noch ein recht tüchtiger Sprachgelehrter, um so mehr, als im schwierigen Sanskrit selber die höchste formelle Vollendung beansprucht wurde.

So erklärt es sich auch, dass solche Stücke nicht ohne weiteres von jedem *amatore* oder *dilettante* dargestellt werden konnten, sondern dass zum Drill der Schauspieler wohl organisirte Theaterschulen existirten, wo — unter Aufsicht des Direktors, des Sūtradhara, dem zugleich als Regisseur und Maschinisten die jedesmalige Herstellung der Bühne nach den Erfordernissen des Tages oblag — mit echt orientalischer Genauigkeit alles nach den Vorschriften des Nāṭasūtra, des Lehrbuches für die Nāṭa, einstudirt wurde und von wo vollständige Schauspielergesellschaften an die Höfe abgingen, an welchen sie stets eine geachtete Stellung einnahmen.

Die Wirkung solcher Aufführungen muss eine ausserordentliche gewesen sein. Die Scenerie aus Urvaśī wird uns einen Begriff von der Pracht derselben geben: Die, wie erwähnt, zum grössten Teile natürlichen

---

[1] In der italienischen *Commedia del arte* ist der Dottore *(Graziano)* aus Bologna, der stets hintergangene Pantalone aus Venedig, der Arlechino aus Bergamo, der Pulcinello aus Neapel, der Gelegenheitsmacher *(Brighella)* aus Ferrara u. s. w. Allesamt Typen auch der Sprache nach.

Dekorationen zeigen uns zunächst den königlichen Lusthain mit seinen duftenden Lauben, Blumenlagern und Blütenbaumgruppen mit der Aussicht auf das erhabene Himālaya-Gebirge und den majestätisch dahin rauschenden Ganges. Stattliche Priesterzüge schreiten würdevoll einher, um im heiligen Haine mit aller Pracht priesterlicher Weihe ein Frühlingsopfer zu begehen. Auf Flügeln des Gesanges steigt Andacht licht empor. Himmlische Musiker und Schauspieler üben im fingirten Himmel Indra's die herrliche Kunst, wie bei des Kadmos Hochzeit Apollon und die Musen vor dem Götterherren Zeus! Götterboten und himmlische Jungfrauen (die Luftfeen *apsarâs*) durcheilen auf Himmelswagen oder von Götterflügeln getragen, den Luftraum, ähnlich dem Hermes des Aeschylos, der im „Prometheus" mit dem ganzen Chor der Töchter des Okeanós durch die Luft dahinrauscht; und da solche Himmelsfahrten von den Luftseglern inmitten des Fluges nicht selten aufgehalten werden, um die grossartigen entzückenden Erdschauen zu schildern, da ferner Sturm, Donner und Blitz, Regenbogen, Mondschein und Finsternis hervorgebracht werden konnten, so lässt das auf keine geringe Vollkommenheit der Maschinerien, wie auf die wunderbaren Wirkungen schliessen, die sie erzielten.

Ein anderes Bild gewährt der glanzvolle Palast des prachtliebenden Herrschers, mit seinen Säulen, Terrassen und Gallerien, seinen in Gold strahlenden Prunkhallen und den mit leuchtenden Edelsteinen geschmückten Thronsälen, mit seinen Herolden, Heeresführern und kostbar aufgeschirrten Kriegselefanten und königlichen Siegeswagen, sammt den reichbeturbanten stolzen Kriegern, den Trabanten, Sklaven und Sklavinnen aller Art; kurz mit der ganzen Prachtentfaltung eines orientalischen Fürstenhofes; oder, es ist die Alles begründende, alles mit Blütenranken umkleidende Pflanzenwelt des sich anlehnenden Paradieses, das vom Urwalde gedeckt wird, mit seinen Palmen, Datteln und Riesenlianen, mit Grotte, Fels und Wasserfall und dem hellen Gesange zahlloser buntgefiederter Vögel, welche die Scene beleben.

Was sind unsere noch so vollendeten Dekorationen gegenüber solcher kaum vorstellbaren Pracht!

An den Theaterschulen hatten die Schauspieler es keineswegs leicht. Zahlreiche Vorschriften mussten genau auswendig gelernt und streng eingehalten werden. Alle Schaustücke — denn solche waren die Aufführungen im eigentlichen Sinne — waren eingeteilt in zwei Klassen:

in das höhere, mit 10 Unterarten, und

in das geringere, mit 16, mit oft sehr feinen Unterscheidungen.

Diese konnten, alle 26, in vier verschiedenen Stilarten (Vriddis) verfasst sein.

Acht Gemütszustände (Rasas, Grundtöne) waren als dramatisch darstellbar gestattet: Liebe, Scherz, Zärtlichkeit, Wut, Heroismus, Schrecken,

Ekel, Verwunderung. Die Ruhe galt als neunter. Sie alle durften in 42 Stimmungs-Aeusserungen (Bhavas) vorgetragen werden. Wilson führt sie sämmtlich genau an, mit erläuternden Beispielen aus den besten Dramen. Wir dürfen es hier wohl bei der Erwähnung bewenden lassen.

Stehende Personen hatten sie nur zwei:

1) Den Vidushaka, als den Vertrauten des Helden oder des Königes; nach Wilson „ein Charakter aus Schlauheit und Einfalt gemischt, aber stets voll herzlicher Zuneigung". In der Sakuntalā hat er die Rolle des gimpeligen Hofnarren und wurde von Herrn Werner vortrefflich dargestellt.

2) Den Vita, eine eigenartige, durchaus nicht einfache Persönlichkeit; muss in den leichten Künsten wohl bewandert sein, namentlich in Dichtkunst, Musik und Gesang und erscheint stets als der Gefährte (Begleiter, Vormund, Parasit) eines Mannes oder eines Frauenzimmers, im letzteren Falle einer Hetäre, zu welcher er in einem vertrauensvollen, jedoch abhängigen Verhältnisse steht. Im Mrichhakati ein edler Charakter und geradezu Hofmeister des ruchlosen Schwagers des Königes.

In Urvasī kommt selbst der Chor vor, der in neun einfallenden Strophen den Verlauf der innerlich sich abspielenden Vorgänge charakterisirt.

Die Sprachform ist die der Prosa. Verse kommen nur in stimmungsvollen Stellen vor.

Dass viele Dialekte gesprochen wurden, genierte wenig. Sagt doch der Chandanaka, ein Stadtpolizist, zu Viraka, dem Hauptmanne der Stadtwache, der das Mangelhafte seiner Aussprache rügt:

„Du weisst ja, dass wir aus dem Süden nicht allzu genau betonen und Längen und Kürzen der Vokale leicht verwechseln. Wir sind eben gewohnt, die Dialekte von einer Menge barbarischer oder ausgestossener Stämme zu reden und so ist uns alles einerlei: Maskulinum, Femininum oder Neutrum".

Tänze mit Musik, aus denen das Drama sich ja entwickelt hatte, fehlten selten. Sie mögen dem Ganzen oft den Charakter eines Balletes oder einer Sprechoper gegeben haben.

Da alle Aufführungen nur bei Gelegenheit grosser Hoffestlichkeiten oder wichtiger Opferfeiern zu Volksfesten stattfanden, so war es natürlich, dass sie — bei der Geduld und der Schaulust der Indier — so lang wie nur möglich begehrt wurden, daher viele 10 Akte haben, ja 14, und so an Länge alles überschreiten, was wir für lang ansehen (etwa Göthe's Faust, Richard Wagner's Götterdämmerung und Aehnliches). Manche der vielen Akte sind mitunter von bescheidenem Maasse; so ist der siebente Akt in

Mrichhakati eigentlich nur eine, und zwar eine kurze Scene in einem Prachtgarten. Ein Segensspruch beschliesst das Ganze.

Wilson giebt die Titel von 57 altindischen Dramen, die bis zum Schwank hinab allen Gattungen des Schauspiels angehören.

Von diesen sind bisher nur wenige übersetzt und von den übersetzten eigentlich nur Sakuntalā in Deutschland bekannter geworden.

Das zehnaktige Mrichhakati („Vasantasena") verdient gleichwohl noch mehr bekannt zu werden, weil der Verfasser, König *Sûdraka*, ohne Rücksicht auf irgend wen, die Sitten und Zustände seiner Zeit in einer Weise schildert, wie das nie wieder der Fall ist. Es ist schön übersetzt auch von Ludwig Fritze, erschienen 1879 bei Ernst Schmeizner, Chemnitz. Es ist nicht unsere Aufgabe, es hier auch nur im Auszuge mitzuteilen.

Nach der mohammedanischen Eroberung Indiens (ca. 700 n. Chr.) ging die Poesie und mit ihr das Drama einem schnellen Verfalle entgegen, der im XI. Jahrh. vollendet war, eine Epoche, in welcher das indische Drama zwar immer mehr im Sinne der mittelalterlichen Mysterien verflachte, in welcher Europa jedoch in den Banden tiefer Unkultur festlag und noch lange auf die Morgenröte der gegenwärtigen Gesittung zu warten hatte.

Und hiermit sei es mir gestattet, von dem Leser mit dem Friedens- und Segensspruche Abschied zu nehmen, mit welchem der Weise Vischnuśarmā (im Hitopadeça) von den Prinzen, seinen entzückten Zuhörern, sich verabschiedete:

„Friede mög' den siegesreichen, hohen Weltenherrschern stets als Freude blüh'n!
Alle Guten seien frei von Unglück, und der Edlen Ruhm bleib' ewig grün!
Wie ein heissgeliebtes Mädchen, also liege wonnig an des Weisen Brust,
Seine Lippen küssend, stets die Weisheit! Alle Tage blüh' Euch grosse Lust!

Im Originaltexte:

„Sandhiḥ sarva-mahîbhujāṅ vijayinām astu pramodaḥ sadā!
Antaḥ santu nirâpadaḥ; sukṛitinān kīrtiś- chiraṅ vardhatāṅ!
Nītir vâra-vilâsiniva satataṅ vakshaḥ- sthale sansthitâ
Vaktraṅ chumbatu mantriṇām aharahar bhûyâṅ mahân utsavaḥ!

Aug. Boltz.

Das Vedavolk

in seinen Gesamtverhältnissen.

1894.

Es ist bekannt, dass der Deutsche Stamm zu jener grossen Urvolkerfamilie gehört, welche die indo-arische, beziehungsweise die indogermanische genannt wird. Es dürfte daher nicht ohne Interesse sein, die Zustände näher zu betrachten, in welchen einer der nachweislich ältesten Stämme dieser Familie, der nach seinen heiligen Schriften — den Veden — das Vedavolk genannt wird, in der frühesten historischen Zeit gelebt hat.

Diese heiligen Schriften sind inhaltlich die einzige Quelle für alles Thatsächliche, das wir von diesem Volke wissen. Anderes hat aus dem eingehenden Studium der altindischen Sprache und der vergleichenden Sprachforschung überhaupt sich ergeben, sowie aus den Forschungen der Ethnologen und der wissenschaftlichen Expeditionen nach Asien, speziell Centralasien (wir kennen die Routen von 172 Reisen seit 1262 bis heut), sodass wir über das Wesentlichste mannigfacher Belehrung nicht entbehren.

Diese Resultate herbeizuführen war nicht leicht.

Schon das Studium des Sanskrit, einer um Jahrhunderte jüngeren Sprachform des Veda-Indischen, war von grossen Schwierigkeiten begleitet, die erst in der zweiten Hälfte dieses Jahrhunderts — aber nunmehr gründlich — überwunden wurden.

Die Vedatexte aber, d. i. die Texte der heiligen Gesänge des arischen Urvolkes — es sind deren 1028 mit 21 024 Versen (153 826 Wörtern und 432 000 Silben — schon 600 v. Chr. gezählt; (der Qorān hat nur 323 015 Buchstaben), — die natürlich nur in wenig zahlreichen, spät niedergeschriebenen Handschriften existirten, waren selten an sich und wurden eifersüchtig verwahrt von den Brahmanen, da sie für deren ureigenstes Erbe galten und selbst vor den mittleren und niedrigen Kasten so verborgen und heilig gehalten werden mussten, dass ein *Śudra* (Mensch der IV. Kaste) nichts davon hören durfte, ohne grosse Schuld auf sich zu laden.[1]

Sie beanspruchen ein unerforschliches Alter, ja sind — nach der Meinung der späteren Priester — aus dem Munde des höchsten Gottes selber entsprungen. *Wm. Jones*, einer der ersten Forscher auf diesem Gebiete, setzt ihren Ursprung jedoch in die Zeit von 1500 v. Chr. (die Zeit des Moses), *Ritter* verlegt ihre Abfassung und ihre Sammlung in den Zeitraum von 1600—1400 v. Chr.[2]

Die ältesten, die Rigveden, die Lob- und Preislieder (Rik) an die Gottheiten enthaltend, starren nach Form und Inhalt weit ab von den viel späteren, den Yajurveden (*yaj-* verehren)[3], d. i. von den die Opferformeln enthaltenden, und von den noch späteren Sâmanveden (von *Sâman*, Gebetlied), den Somaopferliedern, und von den jüngsten, den Atharvaveden — letztere 760 Hymnen *(Sûktas)* mit 6015 Versen — die vornehmlich Beschwörungsformeln, Anrufungen und Heilslieder aller Art enthalten.

Entstanden sind sie — nach dem Inhalte zu schliessen — im ganzen erst, nachdem dieser Zweig der Arier von Westen her an den Indus (den Sindh-Fluss κατ' ἐξοχήν) herangekommen war, den Fluss, nach welchem später das ganze Land Indien und alle es bewohnenden Völker Indier, Hindu benannt wurden, überschritten und sich im *Panjab*, dem Fünfstromland, nach harten Kämpfen mit der hier angesiedelten Urbevölkerung, mehr oder weniger festgesetzt hatten.

Sie sind Gegenstand der skrupulösesten Forschung, bis in die unscheinbarste Einzelheit hinein gewesen und verblieben bis auf den heutigen Tag, und gelten bei allen Forschern für durchaus echt, d. h. für das, als was sie seit fast 3500 Jahren von den Indiern selber — die sie für ihre heiligen Bücher ansehen — gehalten werden.

Sie sind äusserst realistisch; denn da der Priestersänger — bis dahin dem ausgesprochenen Schamanendienste, d. i. der Beschwörung böser Dämonen ergeben — die neuen Himmelsgötter doch für allwissend hielt, so sagte er ihnen eben alles, aber auch das letzte und heikelste, was er auf dem Herzen hatte (für sich und andere) ganz unverblümt und mit einem Detail, das die umfassende Kunde, die wir heute vom Staats-, Familien- und Seelenleben des Vedavolkes haben, allein ermöglichte. Und was er nicht oder nicht mehr wusste, das sagte er auch nicht, und dahin gehört

---

[1] So that a Śudra cannot hear any part of them without incurring guilt... They claim an inscrutable antiquity... many believe them to have proceeded immediately from the mouth of God. George Small „A handbook of Sanscrit Litterature", London 1866, page 3.

[2] Ibidem, Note.

[3] j = engl. j, dsch.

— da sie die Schrift noch nicht besassen — leider auch die Kunde von ihrem Vorleben, die auf ihrer, Jahrhunderte währenden, Wanderung gänzlich erloschen war, von ihrer Urheimat und den treibenden Ursachen, sie zu verlassen, sowie von den Wegen, die sie von dort bis zum Indus zurückgelegt, zu deren Auffindung wir also andere Quellen zu Rate ziehen müssen.

„Sprachwissenschaft und Völkerkunde stellten fest — sagt der berühmte Reisende Emil von Schlagintweit in seinem Prachtwerke „Indien in Wort und Bild", dass die Urheimat der Arier in den Quellländern des Amu-Darja *(Oxus)* und des Jarkand-Darja (Tarimbecken) zu suchen sei, wo sie im Hochgebirge noch wohnten, als ihre Nachbaren, die turanisch-turkmenischen Völker, bereits seit langem nach Süd und Nord ausgeschwärmt waren und schliesslich auch die Arier in den Strudel der Bewegung rissen", da sie alle von immer neuen volksreichen Nomadenstämmen zum Aufbruche gedrängt wurden.

Hier, am umfangreichen Tarimbecken — sein Stromgebiet umfasst beiläufig 11 070 ▯ml., also etwa das dreifache des Rheines mit 4300 ▯m — mithin in Ost-Turkestan, ist überhaupt der Ursitz aller der Völker zu suchen oder zu vermuten, die in unendlich viel früherer Zeit von Hochasien aus ihre Züge — aus ähnlichen Ursachen, denn Nomaden waren sie noch alle — nach neuen fernen Sitzen unternommen hatten.

So die Aegypter, die nach neueren Forschungen um 7—8000 v. Chr. von dorther gekommen sein mögen. *Herodot* (II. 142) teilt die Zeitangaben mit, welche gelehrte Priester ihm über den Bestand ihres Reiches gaben, wonach in den bis dahin (*Herodot* blühte um 440) verflossenen 11 340 Jahren (heute 13 770) das Land in ungestörter Weise unter Königen gelebt habe, ohne dass ihnen je ein Gott (wie den Griechen) erschienen wäre.

So die turanischen Sumerier (Akkader), die wir um 5000 v. Chr. im Besitze von Mesopotamien und einer hochentwickelten Kultur vorfinden. Sie besassen bereits eine Keilschrift (die älteste, die wir kennen). In ihrer Sprache will man Anklänge ans Japanische finden.

So die zahlreichen Semitenstämme: Babylonier, Assyrer, Phönizier, Hebräer u. a., mit denen in Vorzeiten die Arier in naher Stammverwandtschaft gestanden, wenn sie nicht gar mit ihnen eine sprachliche Einheit gebildet hatten. Bei der gewaltigen Ausdehnung des Tarimbeckens, das den aus dem Kara-Kul der Pamir entspringenden Tarim und die grossen Ströme von Kaschgar, Yarkand, Khotan, Aksu u. a. aufnimmt, brauchten sie sich gegenseitig nur wenig oder gar nicht gekannt zu haben.

Hier auch sassen die vielgliedrigen Stämme der Arier; von hier aus zerstreuten sie sich — nicht in überwältigenden Reiterschaaren ausziehend wie die Turanier, sondern als fahrende Hirten mit ihren Heerden truppweis, nach Gauen, Clans und Familien gegliedert — ausspähend nach neuen bequemeren Sitzen! Denn die Hochwelt der ungeheueren Pamir, dieses Daches der Welt, die bei einem Umfange von 140 000 ☐ km eine mittlere Höhe von 4000 m hat, also die der „Jungfrau", mit Seen von 300 ☐ ml., bei einer Höhe von 4260 m, wie der eben erwähnte *Schwarze See (Kara-Kul)*, gewährte nur karge Nahrung für die Menschen- und Tierwelt, die hier auf den Rass *(Moufflon)*, auf Schaf, Ziege und Hund beschränkt ist und nur dürftige Lebensfristung in den langen Wintern.

Ihr Weg konnte nur einer der von ihren Vorgängern beschrittenen gewesen sein, nämlich: einer der vielen westlichen Gebirgspässe, über welche die alten Handelswege führten, vom Quellgebiete des Amu und des Jaxartes, also von China bis nach Afghanistan, behufs Umtausches der Waaren an den dazu bestimmten Stationen der (späteren) Seidenstrasse, lange bevor die Phönizier ihre berühmten Ophirfahrten nach Indien einrichteten. Diese Wege wurden auch bei ihren Wanderungen eingehalten — schon der mancherlei Raststätten wegen. Die Wanderungen selber mögen in ganz unbestimmbaren, vielleicht nach Jahrtausenden zu bemessenden Zeitläuften stattgefunden haben, während welcher ihre Einzelarten sich voll zu entwickeln Gelegenheit fanden.

Zunächst sonderte sich wohl der Stamm der Kelten ab. Ihre Sprache, ihre Traditionen beweisen das. Nach der irischen Tradition teilte der Oberkönig *Eschaidh Feidlech* bereits im J. 3200 v. Chr. Irland in die 5 Provinzen *Ulster*, N. und S. *Munster, Leinster* und *Connaught,* über die er tributpflichtige Unterkönige setzte. Dieser Stamm hatte seine Züge fortgesetzt durch die von turanischen Finnen bewohnten Länder Europa's, bis der Atlantische Ocean ihm Halt gebot, wobei er die Finnen nach Norden drängte. Das keltische *perkons*, Donnergott, litt. *perkuna-s*, altslav. *perkun* (russ. *perúm*) sind der Form nach älter als selbst das altvedische *parjanya*, idg. *parkana*, Regen-, Donnergott.

Darauf mögen die zahlreichen Völkerschaften pelasgo-ionischen Stammes (d. i. die kleinasiatischen Mischvölker: Lykier, Thraker, Makedoner, Illyrier) und die italo-thyrenischen Stammes mit oder nach einander aufgebrochen sein, denen in weiten Zeitabständen die damals noch einheitliche Gruppe der Germano-Slaven nachfolgte — von welchen noch heute Spuren in Vorder-Indien vorhanden sind — um sich dann bei Besetzung der den Finnen und anderen turanischen Völkerstämmen abgerungenen Distrikte für immer von einander abzulösen, und sich in zahlreiche, oft sich hassende Landsmannschaften zu spalten.

Diese eben genannten arischen Völker werden als die zuerst ausgewanderte, die Europäische Gruppe angesehen.

Die Eraner aber und die Arier im engeren Sinne, d. i. das Zendvolk und das Vedavolk, die die Asiatische Gruppe bilden, blieben noch in Central-Asien zurück, wie es scheint, lange in enger Berührung mit einander, wie ihre nahe verwandten Sprachen es erweisen[1] — — bis auch ihnen die kärgliche Gegend, auf die sie zurückgedrängt waren, zur leiblichen Erhaltung nicht mehr genügte.

Die Eraner brachen zuerst auf, den Amu-Darya — den sie in ihren Liedern als den heiligen Ardvisura (des grossen Geistes)-Fluss

[1] In wie hohem Grade diese beiden Sprachen verwandt sind, mögen folgende vereinzelte Proben zeigen.

Völlig identisch sind in beiden Dialekten: *dvara*, Thür — *nara*, Mensch, Mann — *nâman*, Namen — *bhâga*, Glück — *madhu*, Meth, Wein — *yuvan*, jung — *vâta*, Wind — *vîra*, Held; — *push-*, nähren — *naz-*, s. *nah-*, nahebringen — *yudh-*, kämpfen u. a.

Nahezu identisch sind: Zend *Iñdra*, Dämon des Ander *(añdra)*, sansk. *Indra*, höchster Gott. *bâma*, Glanz, s. *bhama* — *bu-*, sein, s. *bhu-* — *ukšan*, Ochs, s. *uksha* — *gada*, Keule, s. *gadâ* — *ustra*, Kamelstute, *ushṭra* — *garema*, *gha-*, Hitze, Brand, s. *gharma* — *daregha*, lang, s. *dîrga* — *verethra*, Feind, s. *vṛitra* — *fstâna*, Brustwarze, *stana*, Busen; u. a.;

aê = s. *e: naêma*, s. *nema*, Hälfte — *maêgha*, s. *megha*, Wolke — *maêdha*, s. *medha*, Opfer — *haêna*, s. *senâ*, Armee — *haeñdu*, s. *Siñdhu*, Hinduland — *daêva*, Dämon, s. *deva*, Gott(heit) u. a.;

h = *s*: s. vorstehend: *haêna*, *haeñdu*; *hakhi*; s. *sakhi*, Freund; *havana*, s. *savana*, Opfer — *ahura*, grosser Herr (Geist); *asura*, böser Geist; *daha*, s. *dâsa*, Feind, Sklave und umgekehrt:

z, *ç* = *h*: *azi*, s. *ahi*, Schlange; *zairita*, s. *harita*, Goldgelb — *zima*, s. *hima*, Kälte — *bâzu*, s. *bahu*, Arm — *vâça*, s. *vaha*, Wagen — *açan*, s. *ahan*, Tag — *zeredhaya*, *hṛdaya*, Herz, Brust u. a.;

ç = *s*: *çtrî*, s. *strî*, Weib, Frau.

Dehnung von *a*, *â*, *i*:

in *ai*: *airya*, s. *ârya*, edel — *gairi*, s. *giri*, Berg — *zairita*, s. *harita*, goldgelb; von *o* in *ao*: *çraoñd*, s. *çroni*, Hüfte — *haoma*, s. *soma*, Soma(trank); von *a*, as in *añh*: *frâyaṇh*, s. *prayas*, Opferspeise — *manaṇh*, s. *manas*, Geist, *mens*, *yavaṇh*, s. *yava*, Gerste — *vaṇh·ana*, s. *vasana*, Kleid.

Wechsel von *p* in *f*: *frâyaṇh*, *prayas*, vorst. — *drafsa*, s. *drapsa*, Fahne;
von *t* in *th*: *mithra*, s. *mitra*, e. Gottesname — *zaothra*, s. *hotra*, Opfer;
von *g* in *gh*: *aghra*, s. *agra*, Spitze, oberste — *ughra*, s. *ugra*, stark, schrecklich;
von *dh* in *ç*: *aeçma*, s. *idhma*, Brennholz; daneben
p für *v*: *açpa*, s. *aśva*, Pferd; und viele andere.

Diese Beispiele, die unter Weglassung der fast identischen Vorsilben, Zahlen, Pronomina und der zahlreichen Verbalstämme aus den geläufigsten Wörtern auf gut Glück gewählt wurden, zeigen folgendes:

1) Der Wortvorrat bezeichnet inhaltlich eine Anfangsstufe der Kultur, die auf die ersten und unentbehrlichsten elementaren Anschauungen begründet ist.

2) Der Dialekt der Eraner trägt lautlich die Merkmale einer Sprache, wie sie in Niederungen gesprochen zu werden pflegt: Dehnung des Stammes, Begünstigung der Aspiration, Nasalirung, Häufung der Zischlaute u. dgl. (etwa = holländisch), während der des gleichsprachigen Vedavolkes mehr den Charakter einer Hochlandsprache hat.

Versetzen wir demgemäss die Ursitze der Eraner im grossen Tarimbecken mehr an das westliche Ufer des Jarkand-Darya, etwa in der Richtung von Jarkand-Kaschgar, priesen — ihr „*Rangha*" war der *Syr-Darya* — entlang, da zwischen *Baro-Pandjah* und *Ishkashim* viele Pässe nach Westen offen sind, vielleicht begleitet von einigen arischen Stämmen, die sich südlich, von dem 10 975' hohen *Sarhadd* über den 12 000' hohen *Baroghil*-Pass und den *Gilgit* nach *Kaśmira* schlugen, oder — wie der Stamm der *Trtsu* — sich erst am Indus abzweigten und sitzen blieben. Wir finden das Zendvolk um 2300 bereits in hoher Entwickelung in dem herrlichen Distrikte, der Ariana-Vaidscha ihrer Sage, ansässig, um welche Zeit, nach den neuesten Forschungen, Zarathustra seine berühmte Gesetzsammlung, den Zend-Avesta, bereits abgeschlossen hatte.

Erst lange nachher sind die Veda-Arier ihnen gefolgt — der Weg am *Oxus* entlang war ja nunmehr ein wohlbekannter; allein — — — sie kamen zu spät: ganz Persien war besetzt; sie mussten zurück!

So stiegen sie denn, den Hilmendfluss entlang, durch das heutige Afghanistan wieder empor, bis zu den östlichen Hängen des Paropanisus (nach ihnen später Hindukusch[1]) genannt), wandten sich bei der Lage *kabūra* (Kabūl) ostwärts, zogen den Kabūl-Rud (= Fluss) entlang bis in die Gegend von *Purushapur* (Männerheim), verderbt in *Peschawer*, überschritten hier einen der Pässe von nur 6000—7000 Fuss (Alex. d. Gr. wählte später den Malakand-Pass von 6720' Höhe), wo „überall noch Spuren uralter Niederlassungen vorhanden sind, ebenso wie an den zahlreichen Pässen zwischen Hindukusch und Karakorum (Mustagh)" und gelangten an den oberen Indus und zwar in das flussreichste Gebiet der Himâlayagegend im NW von Vorder-Asien, wo sie dann mit den vom Norden aus dem Pamirplateau bereits früher direkt eingewanderten Arierstämmen (u. a. die *Trtsu*) feindlich zusammenstiessen.

Diese hatten einen der beschwerlichen Pamirpässe überstiegen, etwa den SO. *Kanshut* (37 NBr. 75⁰³ WL.) an der S. Seite der kleinen Pamir *(Pamir Khurt)*, der alle Pamirausgänge beherrscht, oder den vorerwähnten *Baroghil*-Pass, der direkt in die fruchtbaren Gebirgsthäler des südlichen Hindukusch-Gebirges führt, und zwar über *Yassin* (7765' hoch) den *Swat* entlang an den Kabūl *(Peschawer)*, oder über den hochgelegenen Knotenpunkt *Gilgit*,[2]) zu welchem der Weg über die Einsattelung in der unwirtlichen Höhe von 11 000' führt, und „wo seit 1877 ein englischer Offizier mit einer Handvoll Leute unter den, Darden genannten, Nachkommen der alten

---

und die der Veda-Arier an das Ostufer desselben Flusses, in der Richtung des Hochlandes von Khotan, so dürften sowohl die gesonderten Züge dieser verwandten Stämme wie auch ihre ungleiche Sprechweise derselben Wörter leicht verständlich werden. Eine Wiederholung übrigens des Sibboleth der Ephraimiter am rechten Ufer des Jordans (1000' Durchschnittshöhe) gegenüber dem Schibboleth des links gelegenen Hochlandes von Gilead mit 2000—3000'.

[1]) *kusch* = Töter, weil ihrer viele vor Kälte umgekommen waren.

[2]) Ueber Gilgit u. Pamirpässe s. noch Westermann's ill. Monatshefte, Oct. 1894.

Arier, auf einsamer Wacht steht, — von wo sie dann das paradiesische *Kaśmira* erreichen konnten."[1])

Die Pamir 'S. Petermann's Mitteilungen u. s. w., Ergänzungsheft Nr. 52 vom December 1877 mit grosser Karte). Ihr Gebiet ist ungeheuer gross: 140 000 □km (2 mal Baiern oder: Baiern, Sachsen, Würtemberg, Baden, Elsass-Lothringen zusammen) mit einer mittleren Erhebung von mehr als 12 000 Fuss, gegenwärtig eine unsagbar öde Alpenkette, die von hohen Gebirgsrücken in viele einzelne unter sich getrennte Hochebenen geteilt ist, wo die Seen noch im Juni zugefroren sind. Das Weitere bei *Bernhard Stern „Auf dem Dache der Welt (Bam-i-duniah)"* Berl. Tagblatt 1891, Anfang October, und bei *Heinr. Landsdell „Ein Ritt nach Klein-Tibet durch den Muzart-Pass"*, Berl. Tagblatt Nr. 538 v. 1891 und 584 v. 1892.

Von den Ureinwohnern ist nichts bekannt, obgleich Karawanen zwischen Kaschgar und Kaschmir seit uralten Zeiten den Tauschhandel vermittelten. Sie mögen teils mongolischen (chinesischen), semitischen oder arischen Ursprunges gewesen sein. Jedenfalls werden sie — trotz vielfacher Kreuzung unter sich — sehr zerstreut von einander geweidet haben.

Die Haupttrennung dieser sehr verschiedenen Völkergruppen behufs Aufspürung neuer ergiebigerer Weideplätze und bequemer Raststätten wird sehr früh stattgefunden haben, da die historischen Anfänge, selbst der Semiten schon, sehr weit zurückgehen, der riesigen Zeitangaben der Mongolen gar nicht zu gedenken. Hierbei sind die nordwärts hausenden Turaner, die Pamir verlassend, nach Norden abgestiegen, teils NO über *Kaschgar* u. s. w., oder vom *Kara-Kul* über Gultscha, dann westlich über *Osch*, *Kokan*, den *Syr-Darya* entlang; die östlich hausenden dagegen durch den *Karkasu-Pass* (13 000′) nach *Aktasch* (12 600′), die kleine Pamir entlang in die Gebiete von *Sarhadd* (12 530′), *Kila Panjah* u. s. w., die noch heute die Sitze sind der kupferfarbenen *Kara Kirgisen* (von den Russen *Dikokaméni*, wilde Bergbewohner, benannt), die keine festen Wohnsitze haben und mit Lanze und Naïta (schwere Riemenpeitsche) bewaffnet, ihre Heerden wandernd begleiten. Sie hausen besonders gern im NW. des *Kara-Kul*. Sie allein vermögen dem grausamen Klima zu trotzen (Extreme von Hitze und Kälte, furchtbare Stürme und schier unerträgliche Wolken von Staub) und nomadisirend von Stelle zu Stelle die spärliche — nur am Siri-Kul von einigen Zwergbirken bestandene Grasvegetation auszunutzen. Menschliche Bewohner dieser Oeden sind nicht mehr vorhanden.

Auch die alten Völker mussten Nomaden gewesen sein. Ihre Züge konnten sie, unabhängig von einander, innerhalb langer Zeiträume gemacht haben, auch beim Verlassen ihrer Pamir-Reviere, nach N. und nach W., weil zahlreiche, wenn auch meistens sehr schwierige Pässe vorhanden sind.

---

[1]) Ueber die späteren Karawanenzüge vom Indus zum Oxus s. Lefmann, S. 10.

Der passirbarste nach und von Westen (Persien) war und ist der Malakand-Pass, 6720', der auch von Alexander d. Grossen benutzt wurde.

Hier also, am Indus, erkämpften sie sich — im ganzen siegreich — Schritt vor Schritt ihre neuen Wohnstätten und wir sind nunmehr an dem Punkte angelangt, wo wir fragen müssen

„Wer waren sie zu dieser Zeit? Wen fanden sie vor? Und in welcher Weise ging die Verschmelzung mit den rauhen Eingeborenen vor sich?"

Der Gesamtname Arier, *ârya*, bedeutet, gleich dem deutschen *thiud-isk*, *popularis*, den zum *âr*, *thiud*, Volk gehörigen Mann, ist also etwa = -mannen in Ale-mannen; ebenso wie Slawe keineswegs von *slawa*, Ruhm, kommt, sondern v. Stamm *slow-*, wovon *slowick*, das (dieselbe Sprache) redende Wesen, der Mensch. Die fünf Hauptstämme dieser Arier von heller Hautfarbe, die mit den Eranern zusammen noch am *Jaxartes* gesessen hatten, bevor sie wanderten, waren, wie zahlreiche Belege aus der Sprache es erweisen, ein kräftiges Hirtengeschlecht, das wir nunmehr am Indus wieder finden, als:

1) Die *Pûru*, die an den beiden Seiten der Sarasvatî Platz gefunden hatten;
2) Die *Tûrvaśa*, Anhänger des Stammhelden *Turva*, rüstige Kämpfer, deren viele im Kriege gegen die *Tṛtsu* in der *Parushṇi* umkamen;
3) Das *Yadvo janaḥ*, *Yaduvolk*, nach seinem Stammhelden *Yadu* benannt;
4) Die *Anu* an der *Parushṇi*, und
5) Die *Druhyavaḥ* oder *Druhya jana*, die, alle eng verbündet, ihre Kämpfe gemeinschaftlich ausführten, unterstützt von vielen anderen indischen Geschlechtern.[1]

Ihr Hauptgegner war zunächst der erwähnte, früher eingewanderte „vornehme" Stamm der *Tṛtsu*, der aus zahlreichen arischen Gauen bestand und mit fünf anderen kleineren Völkerschaften (den *Paktha*, *Bhalânas*, *Alina*, *Vishâṇin*, *Śiva*) vereint war. Dieser blieb lange siegreich und vernichtete einen grossen Teil der fünf Stämme, bis diese letzteren endlich festsassen und nunmehr — da die *Tṛtsu* als Volk inzwischen plötzlich

---

[1] So von den *Yakshu*, *Aja*, *Çigru*, *Vaikarṇa* an der Paruschnî, den *Matsya* an der *Jamunâ*, den *Bharata* an der *Viyac* und *Çutudrî*, den *Kucika*, *Tugra*, *Ruçama* und dem, von den Sängern gepriesenen reichen Stamm der *Cedi* (er bestand vorzugsweise aus Gerbersleuten, den wichtigsten Geschäftsleuten der damaligen Weltverhältnisse!); ferner von den *Gandhari*, *Mahâvṛdha*, *Uśinara* im NW. des Pandschab, den *Mûjavant* im W. des Himâlaya, den *Ishvâku* und den *Çibi* (die als Σίβοι noch den Begleitern Alexanders des Grossen bekannt waren) zwischen Indus und Akesînas (Ἀκεσίνης) u. a., die in den späteren Liedern erwähnt werden. (Nach Zimmer, „Altindisches Leben" 123 ff.)

alle geworden waren — die Niederwerfung der eingeborenen Drawida-(Berg-)völker unternehmen konnte.

Die Kämpfe gegen diese als hässlich, plattnasig und schwarz (*krshna*) verschrienen Leute waren keine leichten. Wir haben uns dieselbe keineswegs als Wilde oder als Neger zu denken, sondern, — nach deren von Mandarājya (Madras) bis an die Südspitze (Kap Kumârî-Komorin) noch massenhaft vorhandenen Nachkommen zu urteilen — als einen dunkelfarbigen Malayo-chinesischen Stamm von Urmenschen, wie er einstmals das vorausgesetzte Lemurien bevölkert haben mochte, von Madagaskar über Celebes (die Sunda-Inseln) bis Neu-Guinea, also als einen Teil der grossen Centralasiatisch-tibetanischen Volksmasse, die äusserst kriegerisch war und ihre blühenden Ursitze an den Ufern der zahlreichen Flüsse mit verbissener Zähigkeit und nicht geringem Geschick verteidigten.

Sie zerfielen in die Waldbewohner des Himâlaya (die sogenannten *Hill Tribes*, bis nach *Indraprastha-Delhi* im NO. an der Jamunā), in die eigentlichen Drawida- oder Bergvölker — noch heute der Hauptstock der Urbevölkerung des *Dakshinâpatha-Dekhan*, von 36 Millionen Menschen, die ihre — in acht Hauptzweige zerfallenden — Ursprachen agglutinirenden Charakters noch sprechen: *Telinga*, *Tamil*, *Malapâtam*, *Kanara*, *Tulu*, *Toda*, *Kota*, *Brahui*, und in die Malayo-chinesischen Stammvölker der Hochgebirge.

Von den ersteren sind, ob ihres tapferen Widerstandes, in den Veden erwähnt die nach ihrem Fürsten *Kikata* genannten, südl. von der Jamunā (Magadha), die *Simyu* und besonders die *Kirâta*, Höhlenbewohner in O. *Nepal*, sowie die *Parnaka*, ein wildes Gebirgsvolk, u. a. mehr.

Sie mussten der höheren Kriegskunst der Arier unterliegen, die sie auch von Ort zu Ort zurückwarfen.

Alles, was diesen in die Hände fiel, wurde entmannt, getötet, zu Sklaven (*dāsa*) gemacht; Frauen und Töchter allesamt in die Knechtschaft geführt. Ihre reichen Besitzungen wurden annektirt; die riesigen Herden von Schafen, Eseln und Rindern — welch letztere bald eine grosse Rolle beim Vedavolk spielen, — ihnen weggenommen, nicht minder ihre reichen Schätze an Gold, Perlen und Edelsteinen (besonders Diamanten), die einen wahren Heisshunger nach diesen köstlichen Dingen erzeugten (= Spanier in Peru!).

So ging es im Laufe der Jahrhunderte immer weiter voran, südlich das Industhal entlang und nach Osten zu ins Gebiet der Jamunā. Da diese Eingeborenen der Arier Götter nicht kannten, d. i. dem Indra u. s. w. nicht opferten, sondern z. T. *Śiśnadeva-*, Phallusverehrer, oder anderem Fetischdienste ergeben, kurz *anārya*, Nichtstammesgenossen, waren, so belegte man sie bald mit dem Namen der Gottlosen, mit denen die frommen Eroberer (!) Gemeinschaft nicht pflegen durften und führte diesen fanatischen

Religionskrieg nun so lange energisch fort, bis all ihr reicher Besitz, alle ihre festen Plätze in die Hände der Arier gelangt und so die gänzliche Unterwerfung der eingeborenen Stämme bis zur Jamunâ vollendet war.

Mit der allmählich erfolgenden Annahme des Indra-Glaubens seitens der Unterworfenen erlangten die bis dahin arg schwankenden socialen Zustände der Arier festere Gestalt. Die Kasten entstanden, d. i. zunächst die Sonderung der Stämme nach der Farbe (*varṇa*) in Freie (Edle) und Unfreie (Gemeine, Hörige, Sklaven).

Als erste der drei Hauptkasten der freien Eroberer galt die der gottbegeisterten Priestersänger, die alle Offenbarung (als welche die Kenntnis des Rituales angesehen wurde) kannten, und immer neue, von den Königen reich belohnte Lieder dichteten. Der zweite, die *kshatriya*, der Kriegeradel, aus der die Könige gewählt wurden. Die dritte die der Agrarier, der nunmehrigen Grundbesitzer (*vaiśya*). Ihnen folgte als vierte die der früheren Feinde oder „Schädiger", der *Dasyu*.

Da aber die so Ueberwältigten bald keine Feinde mehr waren, so machte die Benennung *Dasyu* der dem Vedischen fremden Bezeichnung *Śudra*, Geringer, Platz und ging in die Bedeutung „Räuber" (ved. *sailaga*) über, für Arier sowohl wie für alle anderen. Und wahrlich, solche Arier hatten sie auch vollauf verdient.

Die weitere Entwicklung der Kasten fällt in die spätere Zeit und darf hier übergangen werden.

Was nun die Verschmelzung der Arier mit den eingeborenen Urvölkern betrifft, so lässt sich kurz sagen: sie war seitens der Arier eine totale.

„Nichts ist irriger als die weitverbreitete Auffassung „die heutigen Indier seien ein Volk von arischem Grundstocke mit Beimengung einiger Reste der vorarischen Bewohner; gerade umgekehrt ist das Verhältnis der Rassen", sagt *E. v. Schlagintweit;* die älteren (dunkelhäutigen) Landeskinder waren die volkreichen Klassen, die (hellen) Arier die Minderheit: kleine Garnisonen in fremdem Lande. So gingen die Arier in dem Urvolke auf."

Er erläutert das nicht nur nach Schädelform, Körpergestalt und Hautfarbe der heutigen Hindu, sondern auch an den Wandlungen, welche in Religion, Gesellschafts- und Staatsrecht mit Notwendigkeit sich vollziehen mussten. Er vergleicht dabei das anfängliche Verhältnis zwischen Ariern und Urvolk mit dem, wie es zwischen Anglo-Amerikanern und Rothäuten oder zwischen Engländern und Neuseeländern existirt hat.

Dieser Vergleichung können wir aus anderen Geschichtsepochen hinzufügen:

Das völlige nationale Aufgehen im russischen Slaventume der nordischen Waringer (russ. *Warjági*), die den Russenslaven nicht nur ihren Namen

(Rhos) gegeben, sondern auch die ersten Könige (v. 862—1224) gestellt hatten;¹)

ebenso das totale Aufgehen des anderen Normannenstammes, der mit dem Vikingerhäuptling *Hrolf Gangr*, genannt Rollo, im J. 912 nach Frankreich gekommen und bis zur Seine vorgedrungen war. Rollo, durch Karl den Einfältigen mit seiner Tochter Gisela vermählt, erhielt das ganze Gebiet der unteren Seine zur Niederlassung mit seiner Heeresfolge, die in erstaunlich kurzer Zeit französische Sitten und Sprache sich aneigneten und den neuen Volksstamm der Normannen in der Normandie bildeten, und endlich

das Aufgehen auch dieses Stammes in der angelsächsischen Bevölkerung von England, 150 Jahre später, trotzdem ihr Führer, Wilhelm der Eroberer, das eroberte Land in einer Weise unterjocht hatte, wie sie — nach der Meinung des berühmten *Macaulay* „selten in Asien vollständiger gewesen ist", und trotzdem die Sprache der Eroberer die der eingeborenen Sachsen wohl zur Hälfte überwältigt hat.²)

Die mitgebrachten Götter der Arier waren: der Himmelsgott *Dyaus* als Vater, die *Prithivi*, die breite Erde als Mutter aller Wesen, über denen die „unendliche" *Aditi*, als ewige Mutter aller Götter (der *âditya*) hoch erhaben ist, sämtlich Verkörperungen der elementaren Naturmächte, vornehmlich der Lichterscheinungen, und zwar der Sonne, die unter der dreifachen Anschauung des gewaltigen Sonnengottes und Donnerers, des Götterköniges Indra, des lichten Tagesgottes Mitra und des Allernährers Pûschan verehrt wurde. Das älteste Symbol derselben ist der Radkranz (die Sonnenscheibe), auch mit dem Sonnenrosse *Târkshya* zur Seite.³) Hierzu kam das beritten gedachte Zwillingspaar der *Aśvin*, als Vorboten und Gefährten des Indra (die Dioskuren der Griechen), Sinnbilder der Alles heilenden Sonne, und die am Morgenhimmel früh aufsteigende *Ushas* als die jungfräulich errötende Braut das feurigen, ihr ungestüm nachstürmenden jungen Tagessonnengottes *Sûrya* (=$"H\lambda\iota o\varsigma$), die ‘$\varrho o\delta o\delta \acute{\alpha} \varkappa \tau \upsilon \lambda o \varsigma$ '$H\acute{\omega}\varsigma$.

Als der oberste Herr aller *âditya* wurde angesehen der Alles wissende und Alles verhüllende Wolkengott *Varuna* (Oὐρανός); dann kamen sein Bruder, der allverehrte und allgegenwärtige *Agni*, der Gott des brennenden Feuers, ohne den kein Opfer stattfinden konnte, und dessen Widersacher,

---

¹) Eine vorzügliche Arbeit über die im Russischen erhalten gebliebenen skandinavischen Wörter ist die von *C. K. Sabinin*: Materialien zur Vergleichung der russischen Sprache mit den skandinavischen in „Materialien für Wörterbuch und Grammatik der russischen Akademie" Bd. II—IX. 130—170 (russisch).

²) Sir *W. Scott* hat in seinem Romane „*Ivanhoe*" die Uebergangsepoche vortrefflich geschildert und gleich im ersten Kapitel auch die sprachlichen Vorgänge anschaulich dargestellt.

³) Abbildung bei *Lefmann*, Gesch. d. alten Ind. S. 61/62.

der in Ahi- (Schlangen-) gestalt am Himmel dahin fahrende Wolkendämon; kamen die Marut, die Sturmgötter, voran der furchtbare Gewittergott, der heulende Sturmgott *Rudra*, die tropische Windsbraut, mit dem gedankenschnellen Windgotte *Vâyu* und vielen *Aryamas*, guten Geistern, neben unzähligen bösen Dämonen (den *Asuras*), der früheren Epoche des starresten Schamanismus, die jetzt als Feinde der seligen Götter angesehen wurden.

Diesen Göttern, die sie mit den Eranern noch von den Ursitzen her gemein haben, bringen sie unter Gesang und feierlichem Schritte Opfer dar: Speise, wie die ihrige — Fladen aus Mehl, Honig, Milch, Butter — und vor allem den Somatrank, der den Göttern zur Ehre von den Priestern genossen wurde, bis zum Rausche. Die besten Stücke aller Opfer fielen diesen überhaupt immer zu, auch der Opfertiere, als welche Schaf, Ziege, Rind, Ross, Mensch galten, von letzteren vornehmlich die gewöhnlich wohlhabende und leichtsittige *peçaskâri*, die Confektionsdame, die *rajayitri*, die Färberin, die *vâsahpalpûli*, die Kleiderwäscherin und die Salbenbereiterin *âñjakarî*, welche letzteren besonders gut geschmeckt haben mögen, denn sie galten für äusserst sittsam.

Abstrakte Götter hatten sie wenige, darunter als vornehmsten den *Bhaga* (russ. noch *Bóg*), den Brodspender, den Glück und Liebe gewährenden; ferner die unerforschlich wunderbare *Vâk*, die Sprache, die *Śraddhâ*, Treue, Glauben und einige mehr. Das „Wunder der Milch" (weisser Nahrungssaft aus schwarzem oder farbigem, grasfressendem Tier!) begnügten sie sich als unlösbares Rätsel anzustaunen, ohne es zu vergöttlichen. Offenbarungen kannten sie ebenso wenig, wie ein kirchliches Oberhaupt. Das kam später. Alles das ohne geschlossenes System, das bis in die letzte Folgerung auszubauen der Brahmanenzeit am Ganges vorbehalten blieb.

Zu erinnern sei, dass sie häufig mit Sehnsucht einer schönen nördlich gelegenen Urheimat und glücklicher Urvorfahren gedenken, der *Uttara Kuru*, des äussersten Kurulandes (*Kuru*, einer ihrer Urstämme), die gewissermassen ihre Hyperborcer darstellen und auf das Tarimbecken hinzuweisen scheinen.

Ihre Sprache ist, samt der eranischen, dem Stadium der in Centralasien zahlreich lebenden agglutinirenden oder anbauenden Sprachen im wesentlichen dadurch entwachsen und zur deklinirenden geworden, dass die der Grundform (dem Stamm) des Wortes angefügten, sie näher bestimmenden Wörter, behufs Bezeichnung der Kasus- und Modusformen, ihren Charakter als selbständige Wörter bereits eingebüsst haben und zu blossen Endungen zusammengeschrumpft sind. Dies und der Gebrauch von Vorsilben bei ausserordentlicher Zusammensetzungsfähigkeit gab der Sprache eine schier schrankenlose Beweglichkeit und wundersame

Ausdrucksfähigkeit auch für die feinsten Nuancen der geistigen Vorgänge, wie wir sie zunächst am Griechischen und am Deutschen am meisten bewundern können:

 Un-zweifel-haftig-keit.
 Herbst-abend-purpur-licht (Rückert).
 ἀ-παρα-δειγ-μάτ-ιστος, der beispielloseste,
 die mit den später geschaffenen Wortungeheuern, wie
  Antisklaverei-lotteriekomité-ausführungspersonal
  (n. unsern Ztgn.)

und selbst mit dem leicht verständlichen *Acethÿl-phenÿl-hydracid* und ähnlichen selbstredend nichts zu thun haben.

Die Sprache war noch so wenig abstrakt, dass weder ein Wort für „Gewächs" noch für „Mensch" im kosmopolitischen Sinne im Vedadialekt vorhanden ist; vielmehr ist charakteristisch daran die grosse Anzahl von Wörtern für leibliche Verrichtungen und Beziehungen, sowie der Onomatopöen.

Die zukünftige Wissenschaft der „Ideenentwicklung durch die Sprache auf Grund physiologischer und psychologischer Gesetze" wird daher gerade in ihr reichliches und gediegenes Urmaterial vorfinden.

Von den hunderten von Beispielen aufs Gerathewohl nur einige:

Schlange heisst z. B. (neben vielen anderen Bezeichnungen) *datvati rajjuh*, bezahnter Strick.

Frosch (*maṇḍuka*) u. a. *varshahu*, der zur Regenzeit quakende. In der Sommerglut vertrocknen sie in Indien.

Fluss, *avani*, ist der Abwärtsfliessende, -gleitende.

Berg, (erst sehr spät benannt) wurde der *vṛkshakeśa*, der Baumbehaarte.

König, *gopa*, Kuhbesitzer, nebst 54 späteren Wörtern.

 Daher viele bildliche Ausdrücke überhaupt:

Stier, *vṛsha*, gilt für Herrscher, als Beiname des Königs, ebenso wie das spätere *śardulo*, Tiger; auch *rājaśardulo*, Tigerkönig.

die Sindhu (der Indus) brüllt wie ein Stier (rauscht); heulende Sturmwinde brüllen wie die Löwen (heulen);

die Finsternis wird eine blinde genannt (*andhaṁ tamas*) u. s. w. unendlich; Synonymik und Homonymik sind ausserordentlich gross;

desgleichen die Sinnverschiebung:

ved. *śoka*, Glut, Flamme, dient allmählich zur Bezeichnung von Leiden, Qual; dieselbe Sinnverschiebung wiederholt sich auch im uralten kretischen Dialekte, in dem τὸ καούδι (von καίω) der Brand, die Glut, übertragen = Qual, Pein, ist.

ved. *pur*, Einfriedigung, wird zu Stadt (= russ. *gŏrod, grad*, aus altn. *gård;* d. Garten, Gehöft;
— *dhi*, Andacht, wird zu Lied, Preislied. Ein solches dichten heisst es zimmern, *taksh-*.

Adjektive werden ohne weiteres als Substantive gebraucht und verstanden, wie bei uns etwa: arm, reich, krank u. s. w.

In der Aussprache wurden manchem früher geläufige Konsonantenverbindungen schon schwer; so entstand aus *karkaṭa* (*kar*-scheer-en) das Scheerentier, der Krebs: *kakkaṭa*, was an Darmstädter Eigentümlichkeit erinnert.

Erwähnt sei hierbei, dass schon in vedischer Zeit Papageien zum Sprechen abgerichtet wurden.

Ihr Charakter, sagt Prof. *Heinr. Zimmer* in seinem herrlichen preisgekrönten Buche „Altindisches Leben" S. 175, dem wir in der nachstehenden Schilderung im Wesentlichen folgen und dessen eingehendes Studium wir nicht genug empfehlen können, war nicht frei von vielen Schattenseiten, Neid und Missgunst ihre Haupteigenschaft: Räuber Wegelagerer, Einbrecher, Spitzbuben, Hallunken, Betrüger und Wortbrüchige gab es massenhaft neben vielen Tugendhaften. Was wir heute Menschenliebe nennen, war ihnen fremd; doch waren sie für die Naturerscheinungen sehr emfänglich und priesen sie, oft überschwänglich, freilich mit Vorliebe unter dem berauschenden Einfluss des Soma, den mitzutrinken sie nur die Götter einluden, wie denn die Dichtung bei ihnen überhaupt mit dem Liede beginnt, eine lyrische ist.

Auch Homer erwähnt einiger ihm vorangegangener Liederdichter.

In dem schönen Lande, das sie nun bewohnten, dem 7 Stromlande bis an die Jamunā (die Gangā kannten sie noch nicht), siedelten sie sich in ihrer Weise an. Das nahm viel Zeit in Anspruch, und so wird es auch lange gedauert haben, bis die Rig überhaupt gesungen wurden, etwa von 2000—1500 v. Chr. Das subtropische Klima gewährte in reicher Fülle, was sie zu einem beglückten Dasein brauchten. Dasselbe ist noch heute, nach fast 4000 Jahren, im wesentlichen unverändert. Den Winter kannten sie nur in den Hochgegenden; der Herbst vertrat seine Stelle bei Zählung der Lebensjahre. Waldbrände aber und ganz entsetzliche Gewitter bereiteten ihnen grausigen Schreck. Eine Schilderung des S. W. Monsuns ist erhaben schön (ib. 42 ff.)

An **Mineralien** fanden sie viel Gold, Silber, Kupfer, Zinn, sowie Blei in Masse; Edelsteine; Perlen gewährte die Perlenmuschel.

Salz — obschon in den Veden nicht genannt, war vorhanden, wenn auch in den höheren Indusgegenden teuer. S. *sara, sarat,* Salz bei Fick, Wtb. d. Idg. Grundsprache, 1. Aufl. 174, und die Artikel *kšâra* und *lavana* im Skrt. Wtb. Das Letztere ist in der späteren Sanskritzeit das Hauptwort für Salz geworden, wie folgende Benennungen bezeugen:

kšâra (II. 542), ätzender Stoff, Salz;
lavana (VI. 519), Salz, insbesondere Seesalz, wozu speziell
lavanâbdhija, Seesalz;
lavanottama, Flusssalz = bestes Salz;
besondere Arten sind
lavanakšâra, -mada, lavanâraja, lavanottha; Salzwasser,
lavanodaka; Salzgrube, *lavanakhâni. lavanâkara,* S. grube,
übertr. Fülle von Anmut; Salzbeutel, *lavanâpatalikâ.*

Auch eine Salzstadt *lavanapura* und ein Salzort (-lager) *lavanasthâna* sind vorhanden, sowie ein von einer Salzdarbringung begleitetes Gebet *lavanamantra.*

Für Meer (Ocean) sind zahlreiche Wörter da, wie

lavana-jaladhi, -toya, -vâri, -samudra
lavanoda, Ocean (Meer)
-dhi, —
lavanâmbhas, -burâśi, -ârnava, -alaya.
lavanâśva, N.-pr. eines Brahmanen (Salzross).

Das **Pflanzenreich** im Panjab, dessen Vegation zur mesopotamischen Dattelzone gehört, bot Ueberfluss an Nutz- und Heilpflanzen jeder Art; unter letzteren auch Zauber bewirkende oder abwehrende, besonders gegen Zauberinnen, Unholdinnen und die embryofressenden Dämonen; gegen Fieber, Verletzungen, das Ausfallen der Haare und gegen Krankheiten aller Art, wie das gepriesene *Kushṭa (Costus speciosus),* das daher als die „Verkörperung der Unsterblichkeit" angesehen wurde. Auch heilige Bäume hatten sie und viele Aromapflanzen; essbare Wurzeln, Knollen und Gräser neben ausgezeichneten Fruchtbäumen und edeln Binsengewächsen. Gerste, als Getreide.

Die **Tiere,** die alle mit der „göttlichen" *Vâc* (Stimme) begabt sind, teilten sie ein in

Opfertiere (Schaf, Ziege, Rind, Ross, Mensch),
Einhufer (Pferd, Esel — Maultier und Kameel noch nicht bekannt),
Herdentiere (alle Wiederkäuer) und wilde Tiere.
Als Handtiere gelten Mensch, Elefant, Affe.
» Haustiere: Hund, Pferd, Kuh, Ziege, Schaf; als wilde alle übrigen, auch die Vögel.

Von Säugetieren nannten sie Löwe, Tiger (später), Panther; Elefant, Wolf, Hyäne, Eber, Antilopen, Hirsch, Gazelle; Büffel, Schakal, Fuchs, Marder, Maulwurf, Katze, Maus; Affe (Waldmensch *purusha mṛga*).

Von Vögeln: Adler, Falke, Geier, Rabe, Krähe; Tauben, Gänse, Enten, Reiher, Flamingo, Wachtel, Pfau, Papagei. Eulen. Viele Hühnervögel; wenige Singvögel: Drossel, Kukuk.

Von Amphibien zahlreiche Schlangenarten, Eidechsen, Ottern, Schildkröte, Frosch. Fische liebten sie nicht. Der Delfin, *makara*, wurde als Drachenfisch (und Bannertier) angesehen.

Insekten, Maden, Würmer aller Art unendlich. Die Biene wurde zum Ungeziefer gerechnet, obgleich man aus ihrem Honig *(madhu)* ein berauschendes Getränk bereitete.

Städte kannten sie noch nicht; die kommen erst im Mahâbhârata vor. Ihre *pur* ist eine starke Einfriedigung zum Schutze gegen Raubanfälle und Ueberschwemmungen. Sie umgaben sie mit mächtigen Zäunen des starkdornigen Ziziphus (des ostindischen Jujubenbaumes), den die Feinde dann durch Brandlegung zu zerstören trachteten.

Städter hiessen *puravâsinaḥ*, Purbewohner, etwa im Gegensatze zu *grâmiputraḥ*, Siedlerkinder, Dörfler.

Ihre Ansiedelungen *(kṛshti)* bestanden aus nahegerückten Ortschaften *(grâmaḥ)*, die nachts gesichert wurden durch grosse Feuer, die ihren lodernden Schein in die umgebende Wildnis *(aranya)* warfen. Ein umfriedetes Einzeldorf hiess *vrjana*, etwa Stammhof, Kotten.

Das **Haus**, *dam, dama* (δῶμα, *domus*, russ. noch *domŭ*) war für die Familie bestimmt. Ist auch dieses umfriedet, so heisst es *harmya*, Farm, Heim, und hat Nebengebäude für's Vieh (Schafe, Kälber, Esel, Rosse, Rinder), auch eine wohlbefestigte Thür, *dvar* (θύρα, russ. *dverj*), die das Heim vor ungebetenem Besuche sichert. Die Thür hatte einen Riemen *(syûman)* zum Verschluss, wie das homerische Haus τὸ χλεῖθρον. Das Haus ging im ganzen über das Wesen der Hütte, *śalâ*, nicht hinaus. Auf das Fundament *pota*, kamen in den Ecken vier Strebepfeiler, *upamit*, aus Bambus, und in die Mitte ein Standpfeiler, *sthûṇa*. Stützbalken, *pratimit*, und Deckbalken, *parimit*, trugen die langen Bambusstäbe, die als Sparren, *vaṁśa*, zum hohen Dache, *chandas*, emporstiegen. Bei grösseren Häusern halfen noch weitere Pfosten, *paksha*, aus.

Die Ausfüllung und der Ausputz der Wände geschah mit Stroh oder Rohr, *tṛna*, die in Bündeln, *palavaṇ*, geschichtet wurden. Riegel, Klammern, Riemen, Stricke hielten alles zusammen.

Die Feuerstätte war Hauptplatz und Wohnraum. Der Ziegelstein hiess *iṣṭaka*. Die Frauen hatten hier ihre Sitze, *sadas*. Vorratskammern für Feldfrüchte, eine Kammer für's Opfergerät, ein Schuppen für Hauskram waren die Nebenräume. Das Schlafzimmer in grösseren Häusern hiess *bhavana:* Ort des Aufenthaltes. Ein Schöpfbrunnen mit steinernem Rade und Riemen aus Leder befand sich auf dem Hofe. — Ein besonderes Frauenhaus (γυναικωνῖτις) (-zimmer) war die *gṛha*, auch *antargṛha*, d. i. der innere Hausraum. Das Fenster, *gavâksha*, aus *go, gava*, Kuh und *aksha*, Auge, der Form nach genau das *oeil de boeuf* des Mittelalters. Auf dem Giebel wehte die Flagge mit dem Familienzeichen oder -Tiere (Otter,[1] Delfin) als *čihna* (Symbol), *dhvaja* (Drehfahne), *patâka* (Flug-).

Ueber die Möblirung wissen wir nur, dass die Frauen auf Bänken, *proshṭha*, schliefen, oder auch in Tragsänften *(vahya)* und im Bette, *talpa*. Die Beschreibung einer Wegfahrt der Braut aus dem Hause der Eltern liefert einiges weitere: Das Ruhebett, *paryañka*, auf dem Brautwagen war ein Gestell, *ushyala*, der Länge nach mit Gurten, *vardhra*, bespannt. Darauf kam eine *âstarnana*, eine Art Matratze, auf diese ein Sitzkissen, *âsâda*, und ein Kopfpolster, *apaśraya;* hier sass die Braut. Daneben stand ein Lehnstuhl für ihren Gefährten. Weisse wollene Decken vollendeten die Ausrüstung zur Fahrt. Weiteres lernen wir erst in der Sanskritzeit.

Die Familie, bestehend aus *pitar*, Vater; *mâtar*, Mutter; *sûnu*, Sohn; *duhitar*, Tochter, und unter sich als *bhratar*, Bruder, *svasar*, Schwester; *śvaśura*, Schwiegervater; *śvaśrû*, Schwiegermutter; *snushâ*, Schnur, Schwiegertochter u. s. w. steht unter Schutz und Gewalt des Hausherrn, *gṛhapati;* starb er — dann des ältesten Sohnes, dem alle — selbst die Mutter — unterstellt waren.

Der Liebesdrang, *śriñgâra*, führte das junge Paar zusammen, oft nach vielem Kokettiren, Salben und Putzen ihrerseits, ja unter Benutzung von Liebeszauber, *smarakari*, wenn das nicht zog; — und vieler Bemühungen und Stelldichein-Einladungen seinerseits, je nach den Verhältnissen.

Die Ehe aber, *patitva* (Gattenschaft), konnte nur mittels Werbung zu Stande kommen; nur Königstöchtern stand die freie Wahl ihres Gatten zu. Ein Kranz, schweigend auf das Haupt des Erkorenen gedrückt, heiligte dieselbe (s. *Nal* u. *Damayanti*).

Der Werber, *vara*, nun brachte die Geschenke (= Kaufsumme) an den Vater, der die Kinder nur nach der Altersfolge weggab, wie noch

---

[1] S. Der Apollomythus, Anm. 24, S. 54.

heute in Griechenland. Sein Wille genügte, Aufgebot gab es nicht. So wurde denn die Hochzeit alsbald mit grosser Feierlichkeit geschlossen und die Braut in geschmücktem Wagen nach dem Hause des Gatten gebracht. Die Ehen wurden hochheilig gehalten. Söhne waren stets erwünschter als Töchter; Geschwisterehen nicht erlaubt, doch kamen sie vor. Die Polygamie war noch mässig; Polyandrie auf einzelne Fälle beschränkt, wo grosse Vereinsamung dazu geführt hatte. Die Witwenverbrennung existirte noch nicht. Diese, erst von den Brahmanen in die Vedentexte hineingetüftelte und dann an 2000 Jahre lang gepflogene frevelhafte Sitte ist seit 1830 aufgehoben. Da nicht alle Töchter heiraten konnten, so gab es auch viel freie Liebe und demgemäss zahlreiche *kâninas*, Jungfernsöhne, von gleichberechtigter Kaste.

Die Bekleidung bestand für Männer und Frauen bei Tage aus dem hellfarbigen *vâsas*, etwa χιτών, Hemd oder Kurzkleid, das gern bestickt, befranzt und sonst verziert wurde und von Ringen, Spangen und Hefteln zusammengehalten wurde. Nachts trug man ein längeres wollenes Hemd, *śâmulya*. Frauen hatten oft nur einen Schurz, *nivi*, aus gesponnener Schafwolle. Der Männerkittel, *vastra*, war zumeist aus gegerbtem Leder. Ein mantelartiger Ueberwurf bildete das Obergewand *adhivâsa*. Von der Fussbekleidung ist nichts bekannt, doch deutet der völlig unbildliche Wunsch „Dein Weg sei ein dornenloser" auf kargen Schutz der Füsse.

An Schmuck trugen Frauen Ringe und Spangen aller Art um die Fussknöchel, auch sonstigen Ohren-, Hals- und Brustschmuck, oft aus Gold mit Perlen und Edelgestein besetzt, besonders Amulette; auch goldene Kränze wurden getragen.

Das Haar wurde sorgsam gepflegt, täglich gekämmt, gesalbt und in Flechten gelegt, die dann in Form einer Muschel aufgewunden wurden — fast wie auch heute; falsches Haar wurde oft mit eingebunden, besonders in die Zöpfe. Auch Männer trugen solche, dazu Voll- und Schnurrbart, den der Barbier, *vaptar*, mit der Schere, *kshurâ*, τὸ ξυρόν, in Ordnung hielt. Bei Trauer trug man das Haar aufgelöst und ungesalbt.

Als Kopfbedeckung trugen die Männer eine Kopfbinde, *ushnica*, gegen Sonnenbrand; die Frauen eine Haube, *kumba*, und bei festlichen Gelegenheiten einen Hahnenkamm-ähnlichen Schopf, *kurira*, aus Federn.

Ihre Hauptbeschäftigung war Ackerbau und Viehzucht. Emsig bearbeiteten sie das Ackerland, *urvana*, ἄρουρα; sie zogen Furchen, *karsha*, mit metallenem Pflug, *vrka*, bewässerten es mittels Gräben, *khanitra*, fuhren mit Zugochsen, *go*, die oft zu einem Sechs- und Achtgespann vereinigt waren, Dünger, *karisha*, auf, um Getreide *(yava,*

Gerste) zu bauen, die auf der Tenne *(khala)* ausgedroschen und als Fladen, Brei oder Mus *(mantha)* aus gebranntem Gerstenmehl in Milch gerührt oder als Grütze *(karambha)* genossen wurde, neben Bohnen, Sesam, Linsen, Hirse und Kürbis. Reis war noch unbekannt. Obst aber, besonders schöne Aepfel, hatten sie in Menge. Milch, *khira*, auch saure, *dadhi*, assen sie gern, und Butter. Fleisch nur selten und nur bei feierlichen Gelegenheiten, vornehmlich vom Rind, am Spiess gebraten oder in Töpfen gekocht; nie roh, ebensowenig wie das Wild, das die Jagd, *mṛgayā*, lieferte. Ein eigentliches Jägervolk waren sie nicht, doch betrieb gar mancher Jäger *(lubdha*, das ebenso wie das russische *ochotnik* auch noch „Liebhaber, Kurmacher, Mädchenjäger bedeutet) den Tierfang so, dass er für den Fang der Löwen Fallen, für den der Antilopen, Büffel (und später der) Hyänen, Eber, Tiger und Elefanten Gruben *(içyada)* und für anderes Raubzeug (Schakal, Fuchs, Marder, Iltis, Affe) Schlingen und schliesslich Pfeil und Bogen gegen alle gebrauchte.

Eine Art Brod, *dhânâ*, waren die aus den gerösteten und zu Mehl zerriebenen Getreide- und Grassamen hergestellten Fladen. Ihr Getränk aber war, ausser der Milch, der bereits erwähnte Soma, das berauschende Lebenselixir der Indier, das aus einer milchhaltigen Art der *Sacrostemma* gewonnen wurde; sodann die *surâ*, eine Art Branntwein (ὕδωρ der Griechen), ferner der süsse *kilâla* und der halbsaure *Parisrut*, eine Art Kwass (der russische *kwass* wird aus gegorenem Brodwasser hergestellt). Die Destillen waren stets sehr besucht. Als Geschirr diente der hölzerne Napf, *pâtra*, auch zum trinken; am Feuer der thönerne Topf, *sthali*, und der eherne *gharma*. Weitere sind nach den zahlreichen Benennungen im Sanskrit vorauszusetzen.

Als Haustiere kennen wir, ausser dem zahlreichen Hühnervolke: Esel, Maultier, Hund (weiss und braun), Ziege, Schaf, Rinder, Pferde, die sie auch zu kastriren verstanden. Reiten war ganz ungebräuchlich.

Ihre Staats- und Rechtsverhältnisse waren einfach: Der Stamm, *jana* (das Einzelvolk) bildete die höchste Einheit des Staatsganzen; gebildet wird er aus den Familien und Sippen des bewohnten Gaues *(viś)* oder der Ortschaften *(grāmaḥ)*, deren Vorsteher oder Verweser daher *vispati*, Gauherr, oder *grāmani*, hiess. Die Gemeindeberatungen waren öffentliche und fanden in der *sabhâ* (= ἐκκλησία), einer grossen Halle, statt; sie waren entscheidend.

Hier wurde auch der *râjan* (ῥήγας, rex) gewählt, der im Kriege das Heer führte, das in Schaaren, Rotten, Haufen geteilt war.[1] Diese Würde wurde allmählich eine erbliche. Ein festes Einkommen bezog der König

---

[1] Einige Vorschriften über die spätere Heerführung siehe am Schlusse.

nicht. Er erhielt freiwillige Geschenke (*bali*) und erhob Tribut von den besiegten Feinden. Beute, Sklaven und grosse Territorien fielen ihm hierbei als Löwenanteil zu. In einem Falle liess er sich nur die Rossehäupter der Besiegten bringen, was der Vernichtung ihrer Reiterei gleichkam.

Der König bekleidet sich bei der Weihe mit einem Tigerfell, das niemand sonst tragen darf. Er muss glanzvoll auftreten samt seiner ganzen Familie und dem jederzeit grossen Gefolge (*ibha*), zu dem vornehmlich die Sängerfamilien gehörten, die ihn und seine Thaten priesen und stets reich belohnt wurden. Seine Hauskapelle bestand aus Trommlern, Flötenbläsern, Muschelbläsern, Pfeifern, Lauteschlägern und Händeklatschern, samt Mimen und Bajazzo.

Das Gesetz, *dharman*, war für alle gleich; jede Verletzung, *âgas*, desselben eine Schuld, *ṛṇa*, die durch Stockschläge, auch an der *drupada*, der Stäupsäule, gebüsst werden musste. Schwere Vergehen zogen Gottesurteile nach sich, die in Feuer-, Wasser- und Giftordalen bestanden, oder in Ausstossung.

Ihre Gewerbe waren die des Wagners, Zimmermannes, Schreiners (meist in einer Person vereinigt); das Beil (*kulisa*) ihr Haupthandwerkzeug, auch Messer (oft aus sehr hartem Holze). Schere und Schnitzbank kannten sie. Der Wagenbau ist genau beschrieben. — Neben Hirten und zahlreichen Hausdienern gab es Schmiede, Töpfer, Gerber, Seiler, Schnitzer und Goldarbeiter, die alle oft wundervolle Sachen fertigten. Weber und Flechter erzeugten vorzügliche Arbeiten; an Waarentauschern fehlte es nicht.

Die Flussschiffahrt war sehr ausgebildet; sie hatten ja an den Flüssen grosse Kämpfe zu bestehen gehabt. Ob sie das Meer kennen gelernt, ist ungewiss, doch wahrscheinlich. *Wilson* behauptet: ja; der franz. Forscher *Vivien:* nein. Ihr Wort für Meer, *samudra* = Zusammenströmung, kann allerdings auch auf den haffbreiten Indus bezogen werden. Seehandel ist im Rigveda nicht bekannt.

Ihre Spiele und Belustigungen bestanden aus dem Würfelspiele (W. *aksha*), das sie leidenschaftlich liebten, und dem Tanze, der — wie der griechische χορός noch heute —, aus dem unter Singen mit Händefassen langgezogenen Reigen bestand. Hier und da riss einer sein Mädel in einen stürmischen Rundtanz dahin. Die Musik dazu lieferte die Cymbal oder die Klapper. Weitere Musikinstrumente waren: Flöte, *vâna, tûnava;* Harfe, *gargara;* Laute, *viṇâ*, diese wird später das Lieblingsinstrument der Indier; die Trommel, *dundubhi*, und der Dudelsack, *bâkura,* der auch im Kriege den Feind zu scheuchen und zu schrecken angewandt wurde und als Grausen erregend geschildert wird.

Auch die Wagenrennen der Vornehmen spielten eine grosse Rolle.

Von Künsten und Wissenschaften pflegten sie mit Vorliebe die religiöse (lyrische) Dichtkunst (Beispiel bei Zimmer 342). Die Vedalieder sind in schönen Metren gezimmert. Auch Spruchdichtung liebten sie und historische Siegeslieder, daneben Spottlieder, Zauber- und Beschwörungsformeln, Segenswünsche und Rätsel in Menge. Letztere riefen nicht selten lyrische Sängerkriege hervor.

Die Schrift kannten sie noch nicht, doch verstanden sie gut zu rechnen, und hatten viele Ausdrücke für Maasse aller Art. Eintausend auf einander gestellte Kühe galt ihnen als die Bestimmung der Entfernung des Himmels von der Erde!

In der Himmelskunde hatten sie es schon weit gebracht und ihre Zeiten und Ortsbestimmungen nach dem Laufe der Himmelskörper geregelt, deren viele sie recht genau beobachtet hatten.

Auch in der Heilkunde waren sie erfahren, insbesondere in der Chirurgie. Die Hauptkrankheit (*yakshma*) scheint die Schwindsucht gewesen zu sein. Kopfschmerzen, Ohrenstechen, Entzündungen, Husten, Fieber aller Art, Gelbsucht, Geschwüre, Hautausschlag, Augenleiden, Gliederreissen, Würmer, Aussatz, Ruhr und Cholera (*mahâmara*), die anderen. Da alle Krankheiten als von bösen Dämonen herrührend angesehen wurden — es gab sogar embryofressende Dämonen, gegen die man *prçniparṇi* mit Milch eingab, um die Frucht zu halten — so galten Besprechen, Beschwörungen und Amulette neben Opfer und Gebet als die Haupttheilmittel, daneben Heilpflanzen und Salben, die der Salbenmann bereitete, Abführmittel und Baden.

Gesundheit und langes Leben (hundert Herbste) wünschte man sich gegenseitig. Trat der Tod ein, so war Verbrennen der Leiche die Hauptbestattungsart. Ein Hymnus begleitete den Akt der Verbrennung, in welchem die nichtsterbende Seele des Guten dem Todesgotte Jama, dem Haupte aller Seligen, zu gütiger Behandlung empfohlen wurde, denn der war es, der sie in die höheren Regionen zu den Sitzen der Urväter (= Paradies) führen konnte. Die ganz Bösen aber kommen in den Pfuhl (*karta*) in der Höllenwelt (*nâraka loka*).

Von Seelenwanderung noch keine Spur.

Für alle Einzelheiten sei nochmals auf das hochinteressante Werk des Herrn Prof. Zimmer hingewiesen.

Und hiermit bin ich am Ende meiner knappen Skizze, deren Inhalt — wie im Eingange erwähnt wurde — einzig und allein auf die in den religiösen Liedern der Veden enthaltenen Angaben begründet ist. Nichts ist hinzugethan aus späterer Zeit.

Ist nun auch so manches in diesen Hymnen unberührt geblieben, was man wohl zu wissen begehren möchte, so ersehen wir doch erst dann den kolossalen Umfang dieser Mitteilungen, wenn wir die Frage aufstellen, was wohl nach bloss tausend Jahren unsere Nachkommen vom deutschen Gesamtleben des gesegneten Jahres 1894 erfahren würden, wenn sie auf den Inhalt unserer Kirchen-Gesangbücher allein angewiesen wären!

Aug. Boltz.

Anhang.

Einige taktische Vorschriften aus der Prinzen-Unterweisung des Hitopadeśa (nach Schlegel u. Lassen, Bonn 1829. S. 94), die mit dem schönen *Dvandva* beginnt: *nadyadrivanadurgeshu.*

Flüsse, Berge, Wälder, Schluchten
Dräu'n, erfordern, dass die Heere

oder wo noch sonst Gefahren
zieh'n in abgetheilten Schaaren.

Vorn der Führer mit Elite,
Zwischen sich die Frau'n, den König,

Heldenvolk vom höchsten Mute,
auch den Schatz nebst sonst'gem Gute.

Reiterei zu beiden Seiten,
Nächst den Wagen Elefanten,

beiderseits dann Wagenzüge;
Fussmannschaft dann zur Genüge.

Nunmehr folge erst der Feldherr,
Die Minister sind beim König,

der die Flauen wieder stählet,
auch das Leibcorps wohl erwählet.

Sumpf, coupirt Terrain, Gebirge
Feld mit Rossen, See'n zu Schiffe —

werd' passirt mit Elefanten,
sonst gebrauch' man Fusstrabanten.

Elefantenmärsche sind beim
Regnet's nicht, dann passen Reiter;

Regeneintritt wohl zu raten;
immer aber Fusssoldaten.

In dem Wald, auf steilen Pfaden
Denn, obgleich ihn Garde schützet,

hüte sorgsam man den König;
schläft er, zielbedacht, nur wenig.[1]

Feind vernichtend und verderbend
Ist des Feindes Land betreten

lass' vorangeh'n die Sappeure,
dann entwick'le Tirailleure.

Bei dem König sei sein Schatz auch:
Davon geb' er seiner Garde;

ohne Schatz bleibt die Gewalt nicht!
denn wer kämpft für das Gehalt nicht?

Nicht des Mannes Sklav, o König,
Achtung und Missachtung fliessen

ist der Mann, doch wohl des Goldes:
aus der Höh' erwirkten Soldes.

Ungeteilt, sich gegenseitig
Irgend nicht verläss'ge Schaaren

deckend, werde dann gestritten;
steck' man in der Truppen Mitten.

---

[1] Im Texte: er schläft nur den Schlaf der Jogi, d. i. jener berühmten Büsser Indiens, die sich zum Theil geradezu Schlaflosigkeit als Busse auferlegen.

Und das Fussvolk stell' der König
Dass es rund das Land verwüste

Flach Terrain braucht Ross und Wagen;
wald'ges, Bogen; alles and're

Man verderbe stets des Feindes
Seine Gruben, Pallisaden

Von der Streitmacht eines Königs
Wie der Elefant; denn eigen

Reiter, jedes Heeres Stütze,
Drum wird in der Feldschlacht siegen,

Denn die Streiter hoch zu Rosse
Und die fernsten Feinde selber

Erste Kampferöffnung und dass
So wie Wegesäub'rung gelten

Heldenmutig, waffenkundig,
Hohen Kriegern gleichend, also

Nie wird so gekämpft als wenn der
Selbst für reich gewährte Schätze

Besser als ein Schwarm von Köpfen
Denn der Feigen Niederlage

Härte, schlechte Aufsicht, Kürzung
Rechtsverzög'rung auch — sind Dinge,

Um zu siegen führ' den Feind irr',
Leicht wird er marode durch viel

Einen Erben mehr als andre
Darum stachle man beflissen

So verbunden mit dem Prinzen
Reize man den höchsten Zorn des

Drauf sein Land durch fremden Zuzug
Durch Geschenk- und Ehrenlockung;

vor die Front, ins Vordertreffen,
und den Feind vermög' zu äffen.

feuchtes, Ilfen [1]) oder Schiffe;
Schild und Schwert zum Feindangriffe.

Triften, Holz- und Wasserstellen,
und Laufgräben bei den Wällen.

ist doch keine so beschaffen
sind ihm acht[2]) der besten Waffen.

können rasch sich voll entfalten,
wer recht viel davon kann halten.

sind selbst Göttern schwer besieglich
ihrem Arme unterlieglich.

die Gesammtarmee es decke,
für des Fussvolks höchste Zwecke.

treu, ausdauernd ohn' Erschlaffen,
ist das beste Heer beschaffen.

König seiner Krieger Stolz reizt,
nicht, nach welchen man doch sonst geizt.

ist'ne Schaar bereit zu sterben.
zieht selbst Tapf're ins Verderben.

der bestimmten Rationen,
die sich stets mit Unlust lohnen.

schonend Deine eig'nen Heere;
Märsche in die Kreuz und Quere.

stimmt man leicht zum Kriegsversuche, —
Erben auf zum Friedensbruche.

und Minister-Präsidenten
thronerpichten Prätendenten.

reich bevölkere der König
denn das lohnt sich gar nicht wenig!

Sprach der König: Ach, was machst' der Worte Du so viel:
Eignes Glück, des Feinds Verfall ist aller Weisheit Ziel!

[1]) Elefanten.
[2]) Rüssel, Stosszähne, Beine, Schwanz.

Aus meiner Lebensarbeit.

I. Litteratur, Sprachwissenschaft, Völkerkunde.

1850. *Ueber russische Litteratur*, Vortrag i. d. K. Sing-Akademie zu Berlin, Trowitsch & Sohn.

1852. Der Held unserer Zeit, v. Lermontow, H. Schultze, Berlin.

1854. **Lied vom Heereszuge Igors gegen die Polowzer.** *Aeltestes russisches Sprachdenkmal.* Urtext mit Commentar, Grammatik, Glossar und einer metrischen Uebersetzung. Karl Schultze. Die Uebersetzung in Sonderausgabe, 1854. Vom Kaiser Nikolai mit einem kostbaren Brillantring belohnt.

1855. Aus dem Tagebuche eines Jägers, v. Iwan Turgeniew, Berlin, Schindler.

In den 1860 er Jahren. Im Vereine für das Studium der neueren Sprachen und Litteraturen, *Vorträge in deutscher, italienischer u. spanischer Sprache*,
u. a. *Sulla poesia Provenzale moderna* —
La Influéncia de Schiller sobre el Teatro Español —
Lomonossow, der erste Litterat Russlands im modernen Sinne (Archiv, 317—330).

1864. In der Società Italiana zu Berlin, Festrede am 24. Januar:
Leopardi ed alcune delle sue opere, con traduzioni tedesche, u. a.

1868. **Die Sprache und ihr Leben,** populäre Briefe über Sprachwissenschaft. Leipz. Haessel:
Inhalt: Ursprung und Entwicklung der Spr. — arische, semitische; einsilbige, anbauende, einbauende, deklinirende Sprachen. — Wesen und Bau der letzteren. Laut und Vorstellung. Das historische Wort. Die modernen Sprachen (mit deren Lautverschiebungs-Tabellen) 1—149. Uebersichtstabelle der indogerm. Sprachengruppe.

Vorschule des Sanskrit in lateinischer Umschrift, ein Hülfs- und Uebungsbuch etc. Oppenheim, Kern.

Ausgewählte Fabeln des Hitopadeśa, Urtext in lat. Umschrift nebst metrischer. Uebersetzung. Leipz., Haessel.

1869. **Beiträge zur Völkerkunde aus Wort und Lied.** Oppenheim, E. Kern.
Acht Abhandlungen (Himmel u. Erde — Gott u. Mensch — Dorf u. Stadt — Die Zigeuner — Das altrussische Heldenlied in Vergleichung mit der Arthur-Sage — Drei russische Dichterinnen, mit Uebers. — Das sicilianische Volkslied) nebst einer *Sammlung von über 100 Dichtungen in 20 Sprachen u. Dialekten* im Urtexte nebst metrischer Uebersetzung in den Original-Versmaassen (Sanskrit. — Englisch. — Französisch. — Neu-Provenzalisch. — Sizilianisch. — Altrussisches Epos. — Russisch, 30 Nummern. — Polnisch. — Serbisch. — Serbo-illyrisch. — Tschechisch. — Bosniakisch. — Nieder-Lausitzisch. — Slowakisch. — Kraino-illyrisch. — Styrisch. — Schwedisch. — Dänisch. — Holländisch. — Spanisch. — Portugiesisch.

1870. **Das Fremdwort** in seiner kulturhist. Entstehung u. Bedeutung. Berlin, R. Gaertner.
1878. „*Das Mystische in der Kunst*". Vortrag zur Fest-Versammlung der „Künstler und Kunstfreunde" zu Wiesbaden; „Europa" Nr. 31.
1881. Die *Bibliotheken* in den Klöstern des *Athos*, von Dr. Spyr. Lambros, deutsch, Bonn.
1882. **Die hellenische Sprache der Gegenwart**, Studien zur Kenntnis derselben nach ihrem Wesen, ihrer Entwicklung aus und neben der alten Sprache und ihrem jetzigen Bestande, mit vielen Sprachproben aus allen Stylarten und einigen wichtigeren Dialekten, nebst eigener deutscher Uebersetzung. Darmst., L. Brill. II. Aufl.
1883. **Die hellenischen Taufnamen der Gegenwart**, soweit dieselben antiken Ursprungs sind, nach Gebrauch und Bedeutung. Leipz., W. Friedrich.
1884. **Lieder von Athanasios Christópulos** nebst einer Auswahl von Liedern u. Gedichten hellenischer Zeitgenossen, im Versmaasse der Originale. Leipz., W. Friedrich, II. Aufl. 1884.
1884. **Land und Leute in Nord-Euböa** v. Georgios Drossinis, mit vielen eingeschalteten Dichtungen. Leipz., W. Friedrich.
1885. **Die Kyklopen, ein historisches Volk**, sprachlich nachgewiesen. Berlin, R. Gaertner.
1887. **Hellenische Erzählungen**, enth.: *Amaryllis*, eine epirotische Erz., *Magdalene*, e. kretische Erz., *Assimo*, e. clische, *Chrysanthos*, e. clische, *Sofianós*, thrakische Sage (Gang nach dem Eisenhammer) in Versen; Die *Gorgonenkönigin*, athenisches Märchen in ath. Volksmundart. Halle, O. Hendel.
1888/90. **Hellenisch, die internationale Gelehrtensprache** der Zukunft. Leipz., W. Friedrich, vermehrte II. Aufl. gr. 8°. 328.

Inhalt: Einleitung. — Das Hellenische als allgemeine Gelehrtensprache. — Zur Aussprache. — Kurze Skizze der Grammatik.
Chrestomathischer Teil: I. Nichthellenische Originaltexte mit deren hellenischer Uebersetzung:
  a) *Wissenschaftlicher Styl:* Döllingers Festrede v. 1887. — Zellseelen und Seelenzellen von E. Haeckel. — Lebensregeln v. A. Graf v. Platen. — Die bulgarischen Zaren.
  b) *Diplomatisches. Krieg und Frieden:* Rundschreiben d. Fürsten Gortschakow. — Zweites do. — Russische Kriegserklärung. — Türkisches Rundschreiben. — Der berliner Friede. — Manifest d. Kaisers Alex. II. (russischer Text).
  c) *Reisen:* Reisestudien v. Karl Braun. — De Nicopolis à Olympe par D. Bikélas (franz. T.).
  d) *Schöne Litteratur:* Dubrowski v. Pushkin (russ. Text). — Aus Poor Richard's Almanac (engl. T.). — Scene aus Faust (deutsch). — Scene aus Philoktet (altgriech. T.). — Aesopische Fabel (do.). — Aus Dante's Inferno (ital. T.). — Aus der Glocke.

II. *Hellenische Originaltexte mit meiner gleichrhythmischen Uebersetzung:*
  a) *Kunstdichtung in Hochsprache:* „Amor u. Psyche" aus d. Drama „Theodora" v. Kleon Rangawis. — Ode v. Rállis; do. von Kálwos. — drei Lieder v. A. R. Rangabé.
  b) *Prosa d. öffentl. Lebens, Hochsprache:* Thronrede des Königs Georgios I. — Telegrammensprache. — Griechisch ohne Hauch- und Tonzeichen.
  c) *Zwischen Hochspr. u. Volkssprache:* athenische Kinderspr.; kefalonische do.
  d) *Kunstdichtung in der Volkssprache:* Die Gorgone. — Die Neréide-Mutter — Lied der Neräïda. Meerlied. Die Wunderblume. Die Worte der Alten.

c) *Volksdichtung und Sage*. *Lieder:* Der vergrämte Adler. — Trauerlied aus Trifylía. — Volkslied aus Trifylía. — Die Fregatte. — Die Verzweiflung. — Die Liebenden. — Rhodische Volksdichtung. — Kretische Volksdichtung. *Prosa:* Warum die Hunde (Patras). Warum der Esel (Zante'sche Gegenden). Die Fussspur der h. Jungfrau (Philiatrá). Die gebundenen Schlangen (Livadeia). Die Teufelslaterne (Sparta). Teufelsliturgie (Messenien). Trauermesse der Toten (Korinthía). Dorfneckereien (Wellá).
Schlusswort: Le vase brisé, fr. u. hell. — Lehrmittel 316—319; 325—28.

II. Lehrbücher für Deutsche (nach d. Robertson'schen Methode.

1852—1893. Lehrgang der *Englischen* Sprache. 3 Teile. Berlin, R. Gaertner. VIII. Aufl.
1852—1884. Lehrgang der *Russischen* Sprache, für den Schul-, Privat- und Selbstunterricht (der praktische Teil nach der Robertson'schen Methode, der wissenschaftliche auf Grund der Ergebnisse der vergleichenden Sprachforschung, 3 Teile, V. Aufl. Berlin, R. Gaertner. (Die IV. u. V. Aufl. völlig neu bearbeitet).
1855. Lehrgang der *Italienischen* Sprache. II. Aufl. 1885. — 1856. Lehrgang der *Französischen* Sprache. II. Aufl. — 1857. Lehrgang der *Spanischen* Sprache. — 1852. Handbuch der *Engl. Litteratur* (mit Dr. Franz) 2 Teile. Berlin, Reimer. In die 50er Jahre fällt meine Uebersetzung der Wörter mehr denn 1000 Artikel des Eberhard'schen *Synom. Handwörterbuches* der deutschen Sprache in XII. Auflage ins Französische, Italienische und Russische, eine Riesenarbeit.

III. Lehrbücher für Russen.

1850. *Deutsches Lesebuch* für Russen, mit russischen Erklärungen.
Grundriss der deutschen Litt. (nach dem Programm des Kais. Russ. Pagen-Corps).
1852. In *russischer Sprache:* Lehrgang der *Französischen* Sprache, II. Aufl. 1859. Lehrgang der *Italienischen* Sprache, II. Aufl. 1855. Lehrgang der *Englischen* Sprache, III. Aufl. 1871. Lehrgang der **Deutschen** Sprache, III. Aufl. 1879. Lehrgang der *Hellenischen* Sprache; ferner:
1859. Sammlung auserlesener *Romane und Lustspiele*, zum Uebersetzen ins Russische, Französische und Deutsche (mit Ritter), Berlin.

Mein *Deutscher Lehrgang für Ausländer* ist ferner erschienen, als
1872. Nouvelle Grammaire de la langue allemande adaptée à l'enseignement public et privé etc. Berlin, R. Gaertner, 3 Teile;
— A new Conversation Grammar of the German language adapted to the use of schools and private instruction, R. Gaertner. 3 Teile.

IV. Beiträge zur allgemeinen Litteraturgeschichte

z. T. umfangreiche Besprechungen zahlreicher hervorragender, vornehmlich hellenischer u. italienischer Litteraturwerke.

1) In der Allgemeinen Augsburger Zeitung:
1881. Nr. 312. *Homer*-Uebersetzungen in Griechenland;
» 323. M. Renieris: der hellenische *Papst Alexander V.* — Byzanz und die Baseler Synode.

1882. Nr. 14. *Athen im Mittelalter* und „Athen gegen Ende des XII. Jahrh." und die erhaltenen Schriften des Metropoliten *Michail Akominatos*, von Prof. Sp. P. Lambros. Athen 1879. gr. 8°. 700.
» 70. *Achilleus Paraschos*, Gedichte, mit Uebersetzung einiger derselben.
» 125. Ueber *Digenis Akritas* und die Collection de Romans Grecs en langue vulgaire et en vers etc. par Spyridion P. Lambros, Paris 1880.

2) Im Jahrbuche der Shakespeare-Gesellschaft:

1883. *Shakespeare* in Griechenland, eine grosse Abhandlung über zwei ältere und drei neuere Uebersetzungen Sh.'scher Dramen, mit Proben aus Macbeth und Hamlet.

3) Im Magazin für die Litteratur des Auslandes:
(der Mehrzahl nach grössere Artikel.)

1879. Nr. 41. *Lessing* in Griechenland. Die Uebersetzungen von „Nathan der Weise". (*Ραγκαβῆς, Βλάχος*).
1880. » 16. *Rhodische Liebeslieder* von W. Wagner (*Ἀλφάβητος τῆς ἀγάπης*). — Griechische *Märchen, Sagen und Volkslieder*, von B. Schmidt.
» 33. Uebersetzung des Nathan von Θ. *Ἀφεντούλις*.
» 42. König *Lear* in Island und Griechenland, isl. v. Steingrím Thorsteinsson; griechisch von D. Bikélas.
Recueil de *contes populaires* Grecs etc. par Émile Legrand.
1880. » Alter *Mongolo-Kalmückischer* Straf-Codex von Prof. J. Leontowitsch, Odessa 1879.
1881. » 11. *Wilhelm Tell* und *Nathan der Weise*, griech. v. A. R. Rangabé.
Dukas, Tragödie in 5 Akten von dems., deutsch von O. A. Ellissen.
» 49. Volkslieder aus Griechenland: Epirotische von Arawantinos, Kretische von Jannarakis, mit sieben Uebersetzungen aus den beiden.
1883. » 16. *Ueberblick der neuesten Litteratur* in Griechenland, grosser Artikel mit reichlichen Uebersetzungsproben.
» 36. *Leïla* von A. R. Rangabé, deutsch v. F. Moral.
» 49. Hellenische Uebersetzungskunst: Schiller's *Hero und Leander*, griech. v. Dr. J. Pervánoglos.
1884. Nr. 8. *Coriolan* in Griechenland, von M. N. Damirális.
» 30. Die *Kraniche des Ibykus*. epische Dichtung in Hexametern (keine Uebersetzung) von St. D. Bálbys.
» 46. Das *Neueste aus der hell. Litteratur* (etwa 20 hell. Werke besprechend).
1885. 4. 9. 10. Das *Neueste* aus der hell. Litteratur, längere Besprechungen von 10 hellenischen und 2 italienischen Schriften.
» 13. *Geschichte* der neugr. Litteratur v. A. R. Rangabé u. D. Sanders.
» 17. Die *Sonne in den Volkssagen* von N. G. Polítis (eingehende Bespr. dieser hervorragenden Arbeit).
» 44. Zur *neuesten* hell. Litteratur: 5 grössere Werke besprechend.
1886. » 2. Das *Mädchen und das Blatt*, v. Balbys, in metrischer Uebersetzung.
» 4. Die *Nereïde-Mutter*, kretische Volkssage, metrisch übersetzt, nach Geo. Drossínis, nebst einer etym. Abhandlung *über das Wort νερό*.
» 13. *Tag und Nacht*, von Balbys, in metrischer Uebersetzung.
» 18. Zur *neuesten* hell. Litteratur. Besprech. namhafter hell. Werke nebst e. Abh. über die *Stellung der hell. Hochsprache* (κοινή) zu der in viele

Dialekte gespaltenen Volkssprache (καθωμιλημένη). Am Schlusse: „Lied der Nerāīda" (aus Hydra) in metrischer Uebersetzung.

1887. Nr. 4. Zur *neuesten* hellenischen Litteratur, mit 12 Uebersetz. „Volkstümliches" aus d. entsprech. Dialekten.

» 17. Die Werke des Herrn *Kléon Rangabé*, speziell „Θεοδώρα" mit metrischer Uebersetzung der Episode „*Amor und Psyche*".

» 23. *Faust*, griech. v. G. K. Stratigis — *Erzählungs*litteratur: Διηγήματα von G. Drossínis, D. Bikelas, Geo. A. Valavánis, K. D. Kaprálos und die *sizilianischen* Dorfgeschichten von Pietro Bianco (hiervon deutsch im Rhein. Kurier, Wiesbaden, die reizende Novelle „*Im Freien*").

» 34. Zur *neuesten* hell. Litteratur; Besprechung zahlreicher hell. Werke.

» 39. Der *Hellenismus* der Zukunft, ein Mahnwort v. Joh. Flach.

1888. » 1. Hellenische u. italienische *Neuheiten*.

» 4. Annette von *Droste-Hülshoff* und ihre Werke, v. Herm. Hüffer.

» 25. *Faust* von Aristomenis Provelégios, Athen 1888. Prachtausgabe.

4) In der „Gesellschaft" erschienen:

1888. » 5. Zur hellenischen Litteratur: *Hellenisch, die allg. Gelehrtensprache* der Zukunft, W. Friedrich, 1888. Αἱ Ἑλληνίδες Ἑταῖραι ἐν τῷ Ἰνδικῷ δράματι, ὑπὸ Α. Ν. Κηραλληνοῦ, Athen 1887. — Τὸ βυτάτι τῆς ἀγάπης, v. Drossínis; Ὁ Ἀφωρισμένος (der Verfemte), v. Karkawitsas (deutsch erschienen in „Aus fremden Zungen").

» 7. Ἀμαρυλλίς v. Drossínis (erschienen in „Hellenische Erzählungen", Halle, Otto Hendel).

1888. » 7. *Zur hellenischen Litteratur*. Eingehende Besprechung von Geo. Drossínis: Die Rivalinnen (deutsch in Darmst. Ztg.). — Das Liebeskraut, Erzählungen. — Karkawitsas: der Verfemte. — N. G. Dóssios: Die Opfer des Wágia. — Joh. Polémis: Winterblumen (mit Uebersetzung einer Nummer). — Jordánis Karolídis: Νάλος καὶ Δαμαϊάντια, aus dem Sanscrit — Julius Centerwall: Från Hellas och Levanten, schwed. Reisewerk. — Richard Lepsius: Reiseeindrücke eines Naturforschers aus Athen, Ephesus und Pergamon.

1888. Nr. 11. Hellenische Uebersetzung von Schillers „*Verschwörung des Fiesco*", von S. Hoh. d. *Erbprinzen Bernhard v. S.-Meiningen*.

Ueber die *Ἑλλάς*, Zeitschrift der Philhelleensche Vereeniging te Amsterdam. *Korte Leidraad* voor het leeren der hedendaagsche Helleensche Taal, door Mevr. M. Zwaanswijk, Nymegen, 1885. — Griekenlands *dichterlijke Leute*, door Dr. H. C. Muller. 1888. — D'una Lingua internazionale, v. Prof. C. Salvadori, Lodi 1888. — Fremdländische Blumen, v. Geo. v. Schulpe, 1888. — Ἔρευνα καὶ εἰκασία περὶ Βλοσσίου καὶ Διοφάντους, v. M. Renieris, Athen 1887. — La *Langue Grecque* par Gustave d'Eichthal, Paris 1887. — Die orthographischen Stücke der *byzantinischen* Litteratur von P. Egenolff, 1887/88.

1889. » 3. *Ueber Hellenische und Italienische Neuheiten:* eingehende Besprechung zahlreicher Werke, darunter: *Ἑλλάς*, Heft 1. — Neugriech. Gedichte, von O. L. Ellissen. — ὁ Διοπλάρος von Rangabé, deutsch v. O. L. Ellissen, 1888. — *Iphigenie* auf Tauris, griech. von A. R. Rangabé, 1888. — *Aspasia* von R. Hamerling, griech. von Kónsta, Athen 1888. — Ἀθηναϊκαὶ Νύκτες von Spyr. Panagélis, Athen 1888. — Annalen der griech. National-Universität zu Athen, 1888. — Maternità von Pietro Bianco, sicil. Novelletten — Versi di Caledonio Reina, pittore, Napoli. — Elegie, von dems. — Plenilunio, die E. G. Boner, Milano. — Eraclito Efesio, studio critico die Enrico Soulier, Roma. — Lucrezio Caro, Studio critico ecc. — Eola, una storia d'amore, Napoli.

S. 903. *Volapük-Vision* von mir. S. 1517. *Hellenische Litteratur:* *Ἀθηνᾶ, ἐπιστημονική· Ἑταιρία. — Πρόοδος, σύγγραμμα περιοδικόν*, illustrirt. — Ἑλλάς, Heft 2. — ἡ κατάντα τοῦ χωρίου μου, von Valavani, 1888. — ἡ Ἀλληλογραφία παρὰ τοῖς Μικρασιανοῖς, von dems., 1889. — Abendländische Geschlechter im Orient, deutsch von dem Griechen Herrn Const. A. Christomános, Wien 1889. — Ἑρμούπολις, Kalender v. Geo. A. Politis; desgl. Ἐτήσιον Ἡμερολόγιον für 1888. Athen.

S. 1819. Eingehende Bespr. v. Ἰσπανία s. oben. Ueber Drossínis (nebst Ueberstz. einer Dichtung).

1890. *Magazin f. d. Litt.* etc. Eingeh. Bespr. von Ἰμλέιος von Polylâs s. oben.

V. Beiträge für die Ἑλλάς von 1889—1894,

Organ der „Philhelleenische Vereeniging" zu Amsterdam, deren Ehrenmitglied ich bin.

a) Grössere Abhandlungen etymologischen u. ethnologischen Inhalts, z. T. mit vielen Anmerkungen.

1. Versuch einer etymologischen Deutung des Wortes ἄλογον, Pferd, I. 9—20, Leiden 1889. — 2. Fortsetzung II. 157—165. — 3. Versuch e. etym. Deutung des Wortes ἴτοι, I. 189—193. — 4. do. von μωρή (μωρή, μωρό, μωρά), μρή, βρὴ (ἀβρή); πρὴ, μωρ', ὀρὴ, ἠέ, als Interjectionen und Adjective, III. 6—12. — 5. do. von Παλληκάριον, III. 146—158. — 6. do. von -πουλος, III. 244—253. — 7. Ueber die Sippe κύρκα, κοῦρκα, κοῦρκος, κούρκατος, Puter, IV. 15—18. — 8. Island und Hellas, mit Gedichtproben. 105—119.

b) Metrische Uebersetzungen im Versmaass der Originale, nebst Urtext (als Sprachproben).

Hochsprache. 1. Νεκρικὴ ᾠδή, κτλ. Nachruf ins Grab, an Friedrich III. von Geo. Drossínis. — 2. Πρὸς τὴν Γερμανίαν, An Deutschland, v. dems. I. 50—53. — 3. Zeus und der Affe, Fabel von Prof. P. J. Ferbos, I. 232—235.

Athenische Gesellschaftssprache: 4. Vertrauliche Briefe an eine Freundin, v. Florentía Fundukli; I. 137—144.

Heptánisos (Zante): 5. Der Schreiner (Ballade) v. St. Martsokis, I. 197—199.

Kretische Prosa: 6. Die Verlobte des Aussätzigen, von Dambergis, I. 194—196.

Greco-Salentino-Dialekt: 7. Canti popolari von Vito D. Palumbo, I. 226—229.

Kappadokisch: 8. Die Sage von Sigrópulos, dem Menschenfresser der Syrischen Wüste, II. 138—141.

Patmos-Dialekt: 9. Patmoslied, mitgeteilt v. d. Patmier Epaminondas Alexákis, I. 340—343.

Aeginetische Prosa: 10. König Schlaf, ein aeg. Märchen, in Prosa III. 284—289.

Epirotisch: 11.—22. Frau Barmherzigkeit, von Joánnis Polémis, I. 144—147. — Der Stern, von dems. I. 148—149. — In deine Augen, von Geo. Drossínis, I. 202—203. — Unbekannt, von Joannis Polémis, I. 344—345. — An eine Fremde, von dems. I. 346—347. — Das Inselmädchen, poet. Erzählung von Aristomenis Provelegios, II. 61—75. — Vielleicht, von Geo. Drossínis, II. 136—137 — Ich wollt' ich wär'.. von Argyris Eftaliótis, II. 136—137. — Das Weltende, von Geo. Souris. II. 194—201. — Trauer und Freude, von J. Polémis, III. 42—45. — Das Frühlingskind, von Geo. Drossínis, IV. 50—51. — Mein Rosenstrauch, von dems. 51—53.

c. *Βιβλιοκρισία*, Besprechung der nachfolgenden Werke, z. T. sehr eingehend:
Ελλάς I. S. 62. *Δύναμις καὶ Ὕλη* („*Kraft und Stoff*") von L. Büchner in griech. Uebers. von H. *Φαρμακοπούλου, Ἀθήνησιν* 1882.
» 63. *Κατάλογος τῶν ἐν τῷ μουσείῳ Ἀρχαιοτήτων ἐν Ἡρακλείῳ*, 1888. — *Συνοπτικὰ Μελέται περὶ τῶν πολεμικῶν τῶν Ἀρχαίων κτλ. ὑπὸ Κ. Γ. Καλλάρη*, Athen 1888.
» 150. De *Nicopolis à Olympie*, Lettres à un ami, par D. Bikélas, Paris 1885.
» 153. *Λεξικὸν τῆς Ἑλληνικῆς Ἀρχαιολογίας, ὑπὸ Ἀλέξ. Ρ. Ῥαγκαβῆ, μετὰ πολλῶν εἰκόνων καὶ πινακίων*, Athen 1888. — *Μικρὸς θησαυρὸς τῆς Ἑλλ. Γλώσσης κτλ. ὑπὸ Α. Ν. Γιάνναρη*, Athen 1888.
» 154. *Λεξικὸν Ἐγκυκλοπαιδικὸν* (hell. Conversations-Lexikon, erste Anzeige).
» 200. Zur Sprachfrage: *Διηγήματα ὑπὸ Α. Ἐρυάλη*, mit Sprachprobe aus Hero u. Leander, alt- und neugr., Athen 1888.
II. » 90. Eberhard's *synonymisches* Handwörterbuch d. deutschen Spr. unter Anpassung vieler Artikel aufs Hellenische.
» 97. *Ἱστορία τῶν Ἀθηναίων κτλ ὑπὸ Δ. Γρ. Καμπουρόγλου*, Athen 1889.
» 99. *Pädagogische* Schriften (*Λογική, Σχολικὴ παιδαγωγική, Ἱστορία τῆς Π., Ψυχολογία κτλ.*) ὑπὸ *Α. Κ. Σπαθάκη*, II. Aufl., Athen 1889.
» 100. *Λεξικὸν τῆς Ἑλλ. Ἀρχαιολογίας κτλ. ὑπὸ Α. Ρ. Ῥαγκαβῆ*, 1888—89.
II. S. 110. Die hellen. Uebersetzungen S. Hoh. d. *Erbprinzen Bernhard v. S.-Meiningen; Αἰμυλία Γαλόττι* v. Lessing, 1889.
» 122. *Ἀμλέτος, τραγωδία Σαικσπείρου, ἔμμετρος μετάφρασις Ἰακώβου Πολυλᾶ κτλ.*, Athen 1889.
129. *Τὰ κατὰ Πελίαν, ἀρχαϊκὴ μυθιστορία, ὑπὸ Φ. Φαρμακοπούλου*, Athen.
» 130. *Περὶ τῆς καταγωγῆς τοῦ Γένους τῶν νῦν Ἑλλήνων κτλ. ὑπὸ Χαρίση Πουλιοῦ* (altgriechisch), Leipz. 1870.
Ὁ Γούμενος τῆς Ἀναφωτήτρας, ποίημα ὑπὸ Α. Μαρτζώκη, Athen 1889.
» 131. *Λεξικὸν Ἐγκυκλοπαιδικόν*, Fortsetzung, 1889.
Πρόοδος, Σύγγραμμα περιοδικὸν μετὰ εἰκόνων κτλ. Wien 1889.
» 132. *Ἐτήσιον Ἡμερολόγιον κτλ. τοῦ ἔτους* 1890 *ὑπὸ Κ. Φ. Σκόκου*, Athen.
» 202. *Ἀδαμάντιος Κοραῆς, ὑπὸ Δ. Θερειανοῦ*. Triest 1890.
» 301. *Ἄμλετ, κτλ. ὑπὸ Μ. Ν. Δαμιράλη*. Athen 1890. Mit Proben.
III. » 48. *Γερασίμου Μαρκορᾶ ποιητικὰ ἔργα*. Korfu 1890.
» 49. *Στ. Α. Βάλβη φιλολογικὰ Μελετήματα*, Athen 1890.
» 52. *Ἰλιάδος Ῥαψωδία Ζ΄, ἐξ ἀνεκδότου μεταφράσεως Ἰακώβου Πολυλᾶ*, Athen 1890, nebst Probe (Hektors Abschied).
» 284 *Aeginetisches* Märchen, mitgeteilt von A. Thumb in *Ἀθηνᾶ, Σύγγραμμα περιοδικὸν κτλ.* 1891. *Urtext u. deutsche Uebersetzung*.
» 313. Griechische *Volkslieder* in deutscher Nachbildung v. G. Meyer, 1890. Mit Proben.
» 424. Uebersetzung oder Nachbildung? *Δωρελάι κατὰ τὸν Χάϊνε ὑπὸ Γ. Β. Τσοκοπούλου* in „*Ἑβδομάς*" vom 13. April 1891 (genaue Analyse, dazu russische Uebers. der Lorelei.
» 329. Daniel *Sanders* neugr. Grammatik etc. II. Aufl. Leipz. 1890.

Ausserdem veröffentlichte ich verschiedene *Prosa-Uebersetzungen* (Novellen, Märchen u. s. w.) und zwar ausser den obigen „Hell. Erzählungen" etc. (Halle, O. Hendel): *Epirotische* Erzählungen von D. Bikélas: 1. Der Pope Nárkissos — 2. Die hässliche Schwester. — 3. Die beiden Brüder. — 4. Philippos Marthas, psycholog. Novelle. — 5. Beim Augenarzte. — 6. Die Rivalinnen, Stillleben aus d. Cykladen, v. Geo. Drossinis. — 7—8. Zwei Märchen v. dems. — 9. Der Verfemte, elische Erz. v. A. Karkawitsas. — 10. Chryssúla, euböische Erz. v. Geo. Drossinis. (Sämtlich veröffentlicht, teils in Diaskalia, Vossische Ztg., Beilage, Darmstädter Ztg., Aus fremden Zungen.)

Zahlreiche *Vorträge* hielt ich an den Orten, wo ich längere Zeit wohnte. Nach *Berlin* (s. oben) zunächst in

Frankfurt a. M. von 1864—68: wo ich an der Handelsakademie 3 Semester „Handels-Geographie und Geschichte" (2 St.) und Sprachengeschichte (2 St.) las; Vorträge im *Geogr. Vereine*, sowie im Ver. für junge Kaufleute.

Wiesbaden von 1868—1875, als Mitglied des *Vereines für Künstler und Kunstfreunde*, des Museums-Vereines, des Montags-Kränzchens (Socius honorarius) über Pfahlbauten. — Indische Litteratur. — Sprachengeschichte, neue Litt. u. dgl.

— 1873. Vor der *Versammlung der Naturforscher*: über die Anschauungs- und Ausdrucksweise der Njam-Njam Neger.

Bonn, als Vice-*Präsident des Bürgervereines* zur Eintracht: Der russische Nihilismus — Das Finnische Volkslied — Die Liebe im Altertume — Neuhellenische Lieder der Liebe und des Weines u. viele andere.

Darmstadt, als Mitglied des *Vereines f. Kunst, Wissenschaft und Litteratur*: die Kulturbestrebungen der Gegenwart u. v. a.; als *Ehrenmitglied des Akademischen Vereines*: Indische Fabel (Hitopadeśa) Hellenische Lieder — Der Lebenswert der Festfeier — Die Engel u. ihre Verehrer — Wort und Geist — Der Apollomythus — Das Vedavolk in seinen Gesammtverhältnissen u. a. mehr.

Δεν ἔξησα εἰς μάτην.

In Kaiserl. Russischem Staatsdienste war ich, nach Ablegung des erforderlichen Universitäts-Examens und der Probe-Vorlesung vor der Kaiserl. Militär-Prüfungs-Commission, Lehrer an dem Kaiserl. Pagen-Corps, der Kaiserl. Garde-Junkerschule und dem Kaiserl. Marinski-Institut für adlige Fräulein. Seit 17. Juli 1845 Doctor an der Universität Jena; von 1852—1864 Lehrer der Russischen Sprache an der Königl. Kriegs-Akademie zu Berlin (am 3. März 1860 zum Professor ernannt), desgl. der Englischen und der Spanischen Sprache am Königl. Seekadetten-Institute. Von 1864 als Privatmann lebend. Gegenwärtig: Ehrenmitglied *τοῦ Φιλολογικοῦ Συλλόγου Παρνασσοῦ* zu Athen, des *Φιλελληνικοῦ Συλλόγου* „*Ἑλλάς*" zu Amsterdam; des „Akademischen Vereins" zu Darmstadt; Correspondirendes Mitglied *τῆς Ἱστορικῆς καὶ Ἐθνολογικῆς Ἑταιρίας τῆς Ἑλλάδος*, sowie des Athenischen Gelehrtenvereines *Ἀθηνᾶς* zu Athen und des *Ἑλληνικοῦ Συλλόγου τῆς Κωνσταντινουπόλεως*, Ritter des goldenen Officierkreuzes des Griech. Erlöserordens.

Darmstadt, Novbr. 94.

Prof. Dr. Aug. Boltz.

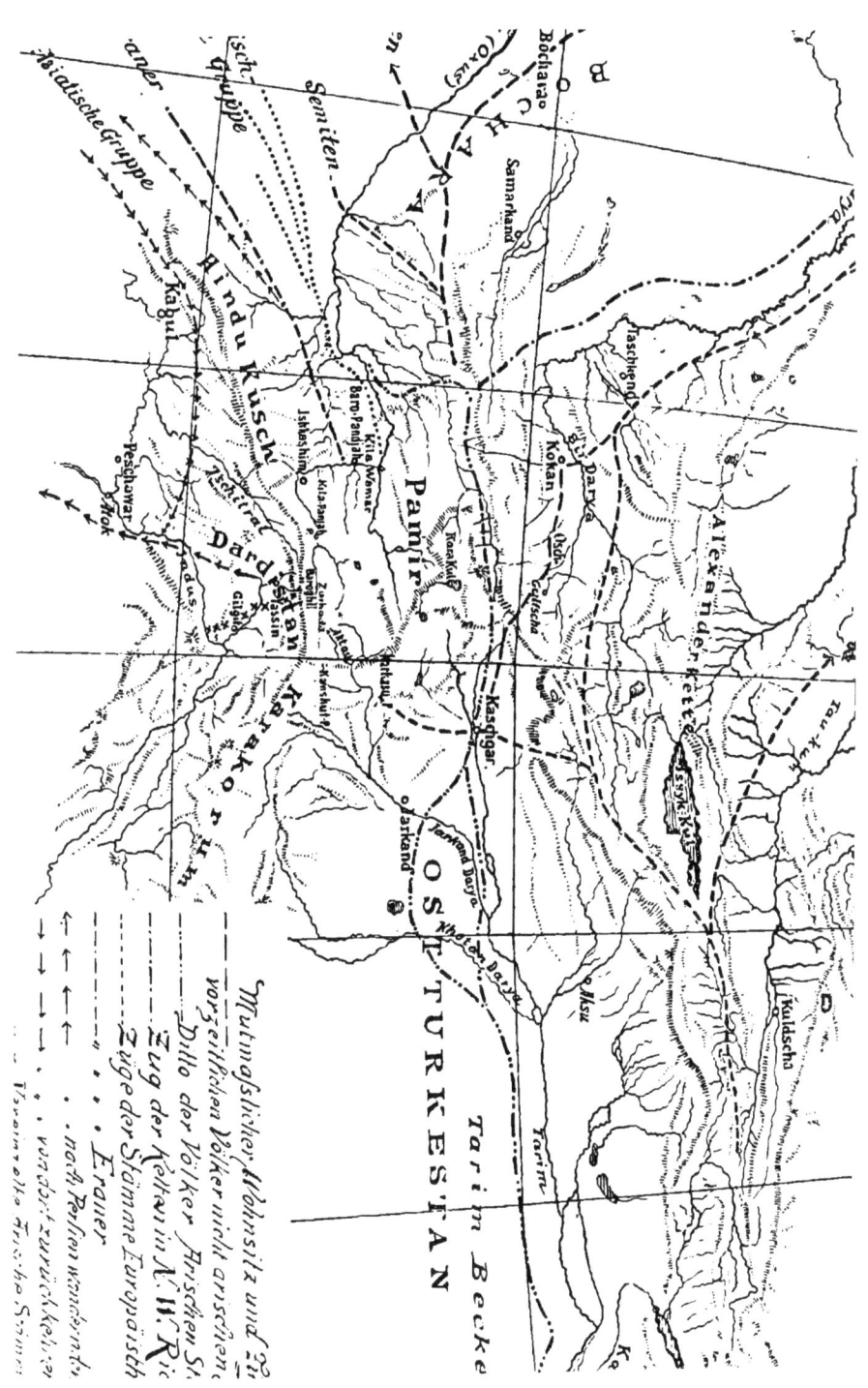